Trudl Kirchdorfer

Münchner Schmankerl

Das Spezialitäten-Kochbuch der
echten Münchner Küche,
zünftig serviert
mit allerlei Anekdoten und vielen
lustigen Zeichnungen

Herausgegeben
von Roswitha Heyne

Originalausgabe

WILHELM HEYNE VERLAG
MÜNCHEN

HEYNE KOCHBUCH
07/4626

16. Auflage
(1. Auflage der überarbeiteten Neuausgabe; bisher lieferbar
unter der Nr. 07/4054)
Copyright © 1967 und 1991 by Wilhelm Heyne Verlag, München
Printed in Germany 1991
Umschlaggestaltung: Atelier Ingrid Schütz, München
Umschlagzeichnung: Dieter Olaf Klama, München
Innenfotos: Burda, München; Komplett-Büro, München;
Fotostudio Teubner, Füssen
Zeichnungen: Dieter Olaf Klama
Satz: Rudolf Schaber, Wels
Druck und Bindung: RMO Druck, München

ISBN 3-453-05046-0

Inhalt

Was sind Münchner Schmankerl? 7

München und sein Bier 12
   ... vom Enzian 15

Rund um die Weißwurst 18
   Weißwurst-Weisheiten
   Von Siegfried Sommer 18
   Wie die Weißwurst entstanden ist 20

Brotzeit-Schmankerl 23
   Das Brotzeit-Glöckerl
   Von Siegfried Sommer 33

Ohne mei Supp'n bin i krank 40
   Wurzelsuppen
   Von Mathilde Sonnemann 59

Voressen, Lüngerl und andere Innereien 60

Von der Haxn bis zum Schäuferl:
Fleischernes aus Münchner Küchen 72

Hendl, Ganserl, Ant'n: Federvieh bayerisch 107

Was der Jager hoamtragt: Wildbret 124

Vier bayerische Eintöpf' 125

Steckerl- und andere Fisch' 128

Knödel, Kartoffeln und Beilagen 139

Kraut und Ruabn und anderes G'müs 150

Der g'mischte Salat 162

Mehlspeisen, Schmalznudeln und andere süße Sachen 168
  Die Schmalznudl-Bar
  Von Siegfried Sommer 168
  Das Dampfnudellied
  Von Egon L. Frauenberger 173

Kleines Münchner Speiskarten-Wörterbuch 191

Gaststätten, Bierkeller und Biergärten mit
Münchner Speis'karte 197

Alphabetisches Register 199

Register nach Sachgruppen 204

Was sind Münchner Schmankerl?

Der beliebte Münchner Autor Sigi Sommer, der als »Blasius, der Spaziergänger« München durchstreift und selbst einige Geschichten zu diesem Buch beigesteuert hat, definiert ein Münchner Schmankerl so: »Ein Fleißbillettl für den Gaumen. Oder anders gesagt: ein Mittelding zwischen Magentratzerl und Leibspeise. Also zum Hungrigbleiben zuviel und zum Sattwerden zuwenig. Nach dem Genuß eines Schmankerls muß man ein Gefühl haben, als hätte einem der eigene Magen auf die Schulter geklopft und ›brav, brav, brav‹ gesagt.«
Denn der ist auf dem Holzweg, der uns Münchner für unverständige Freßsäcke hält. Wahr ist, daß wir an dem Leitspruch »Essen und Trinken hält Leib und Seel' z'samm« mit Leib und Seele hängen. Und wahr ist auch, daß sich's der gutbürgerliche, also »gut eingesäumte« Münchner immer schon wohl gehen ließ. Ein Anonymus von 1779 berichtet, daß Herr Biedermeier am Vormittag aufstand, Kaffee trank, spazierenging, um elf Uhr zu Mittag speiste, dann Karten spielte, Bier trank, etwa um fünf Weißbier drauf, dann Wein, abends einen schönen Entenbraten verzehrte, noch ein paar Maß Weißbier genoß und sich dann um 11 Uhr schlafen legte. Na ja, irgendwann muß er sich ja auch seinen Wohlstand verdient haben. Ganz schlecht meinte es der Franzose Victor Tissot in einem 1876 erschienenen Buch mit uns. »Der Bayer hat auch großen Appetit und 12 Schüsseln sind ihm etwas gewöhnliches«, schreibt er, und ein Landsmann von ihm behauptet gar: »Die Münchner verzehren schon als Vorgericht gar schröck-

liche Mengen von runden Teigkugeln mit Leber und Speck vermengt. Zum Hauptessen schmausen sie große Stücke geschwärztes Schweinefleisch mit ordinärem Feldkraut und trinken dazu ein rauschiges finsteres Gebräu aus Steintöpfen, die sie auch zum Raufhandel verwenden.« Der Berliner Theodor Fontane wetzt die Scharten wieder aus. Er nennt die Bayern in einem Disput mit einem Widersacher der »Wurstesser und Biertrinker« unexaminierte Naturmenschen voll wirklichen Charmes.

Doch um aufs Essen zurückzukommen, als eingesessener Bayer sieht man die Sache heute so: München ist trotz Olympiade, U-Bahn und Glashochhäusern ein Millionendorf geblieben. Und bäuerlicher Herkunft wie die rossebespannten Bierwagen und — Gott sei Dank — noch ein Gutteil seiner Bewohner ist auch die echte Münchner Kost. Natürlich, handfest, würzig und gut sättigend.

Wie zum Beispiel der Leberkäs, dem der weiß-blaue Klassiker Ludwig Thoma sogar ein Volksschauspiel »Finstere Zeiten oder Der Leberkäs« gewidmet hat. Er hat darin ein bisserl schwarzgemalt, der Thoma, denn auch heute wissen die gelernten Münchner Brotzeitmacher noch, wo gute Kost aus den Reinen kommt. Den Rang läuft ihm höchstens die Weißwurst ab. Sie hat Weltruhm erlangt und gedeiht einzig in München und ganz eng um München herum. Zu ihrem hundertsten Geburtstag im Jahr 1957 ist zentnerweise Druckerschwärze verbraucht worden. Wahre Hymnen wurden der weißen zarten Köstlichkeit gewidmet. Man braucht zu ihrer Herstellung Kalbsbrat vom ganz jungen Kaibi. Abgefieseltes vom Kalbsgerippe, rohen Rückenspeck, Zwiebel, Salz, Pfeffer, geriebene Zitronenschalen und Petersilie. Beim morgendlichen Frühschoppen oder beim Faschingsfest um Mitternacht kommen die Würste dann frisch aus dem Kessel, wo sie nur ziehen dürfen. Weißwurst und Leberkäs, die zwei scheinen unvergängliche Wahrzeichen der Isarstadt zu sein. Sonst aber hat der letzte Krieg auf dem »Wurstsektor« allerhand verändert. Hunderte von Wurstständen sind nach der langen wurstarmen Zeit aus dem Boden geschossen. (Man kannte sie früher vornehmlich

in Berlin und Ostdeutschland.) Auf ihren Rosten schmoren Rindsbratwürste, fette Polnische und Debrecziner, Pfälzer und Schiebling.
Die Schweinswürstel, die ehemals in den berühmten Münchner Wurstküchen ihren Duft zur Decke schickten, stehen noch auf der Münchner Speiskarte. Sie sind uralt und schon in einer Münchner Fleischordnung von 1592 erwähnt, »Pradtwurst wird allein von Schweinen prädt gemacht«, heißt es da. Von den Schweinswürstln gab es übrigens in München eine besondere Art, die sogenannten Ablaßwürste, eine Mischung zwischen Schweinswürstln und Thüringer Rostbratwürsten, die beim Ablaß in Thalkirchen und Ramersdorf verkauft wurden. Als Kuriosum sei hier noch die sogenannte »Siegeswurst« erwähnt, womit der damalige Wirt vom Augustinerkeller Anno 1916 auf seiner Speiskarte Schweinswürstl nach dem Friedensrezept bezeichnete.
Von der Regensburger ist nicht viel zu berichten, außer daß sie die Münchner vornehmlich in Essig, Öl und Zwiebelringen als scharfen Salat schwimmen lassen, und daß nach einer unverbürg-

ten Anekdote einst in Friedenszeiten ein Hauptmann seinen Burschen um fünf Regensburger schickte und jener Wackere erst zwei Tage später ankam — mit fünf strammen Söhnen der Donaustadt im Gefolge. Wollwürste werden hier mit Gefühl und Geschmack bereitet, und es ist nicht auszurotten, daß die Münchner die Lyoner einfach Leoni nennen, nach dem ihnen näherliegenden Ort am Starnberger See.

Als besondere Altmünchner Spezialität sei hier noch die echte Briesenmilzwurst gelobt. Alte Köchinnen ohne Fehl und Tadel wußten sie selber also zu bereiten: Milze klopfen, ein Ende wegschneiden, dann mit einem Kochlöffel umdrehen, so daß die innere Seite die äußere wird. Schließlich gesalzene Briese, Kräuter, Petersilie, feingeriebene Zitronenschalen, zwei mit Semmelbröseln abgerührte Eier in die Milz gefüllt, das Ganze in Schweinsnetze gehüllt und gebraten. Ganz so umständlich machen's die heutigen Metzger nicht, aber auch sie bereiten da und dort noch eine prima Milzwurst.

Was noch zum Münchner Wurstkranz gehört: Leber- und Blutwurst, Bockwurst und Stockwurst, der Preßsack und die Wiener, die ja bekanntlich in Wien Frankfurter heißen.

Ganz abgekommen ist in München leider das hier weitverbreitete Voressen, das man sich um ein paar Pfennige im kleinen braunen Lüngerlhaferl aus der Wirtschaft holte. Und eine dicke Träne sollte man der letzten Münchner Kronfleischküche nachweinen, die vor ein paar Jahren verschwunden ist. In wahrhaft demokratischer Einheit wurden dort die ochsernen Leckerbissen vom Holzteller verzehrt. So billig, daß es sich der Hausierer leisten konnte, und so gut, daß der Kommerzienrat nicht darauf verzichten wollte. Auch aus den Auslagen der Metzger ist das malerisch aufgehängte Kronfleisch (Stücke vom Zwerchfell) längst verschwunden. »Kennt neamd mehr und verlangt neamd (niemand)«, sagt uns ein Fachmann. Kennt's euch wieder, Münchner, möchte man sagen, und haltet eure Schmankerl hoch, von denen hier eine kleine Auswahl aufgezählt wurde und zu denen natürlich noch mehr gehören. Die Knödel vor allem, nach denen Treitschke die

Bayern sogar »Knödl«-Bayern nannte und von denen ein bayerisches Kochbuch gleich 88 verschiedene Arten aufzählt.
Zum Schluß, aber nicht als »Letztes«, sei noch das Münchner Brot erwähnt, das wie alle hiesige Kost bäuerlich und einfach ist und von dem es ebenfalls vielerlei Arten gibt.
Die Speisekarten der Münchner realen Bierwirtschaften und Bürgerhäuser sollen unser Fahrplan sein durchs Münchner Leben bis in unsere Tage, wo das geliebte Millionendorf als heimliche Hauptstadt des Landes gilt. Weltstadt mit Herz — und einem gesunden Appetit für herzhafte Schmankerl einer bodenständig bäuerlich orientierten Küche, der sich Einheimische wie Zuag'roaste gleichermaßen verbunden fühlen und allen Zwist begraben in der Hingabe an die frisch servierten Münchner Schmankerl!

München und sein Bier

Welche Gedanken mögen am Spätnachmittag des 2. October anno 815 den Diakon *Huvezzy* bewegt haben, als er den längst fälligen Lehenszins von Oberföhring zu Bischof *Hitto* nach Freising karrte. Nagte die Angst vor der erwarteten Schelte an ihm, da er nicht zur rechten Fälligkeit der Abgabe gekommen, oder saß er nach Art der Fuhrleute gedankenverloren mit nach innen gerichteten Augen auf seiner nahrhaften Fuhre?
Gewiß ahnte er nichts davon, daß 343 Jahre später der Welfenherzog Heinrich der Löwe die Brücke über die *Isara,* die Reißende, über die er vor Stunden mit dumpfem Gepolter gezogen war, zerstören würde, um unweit der Niederlassung *Munichen* des Klosters Tegernsee einen Marktflecken zu gründen, der Markt-, Münz- und Stadtrecht erhielt.
Wir kennen seine Gedanken nicht. Aber seine Fahrt ist urkundlich erwähnt. Fein säuberlich ist die Ladung im Haushaltsbuch des Freisinger Domstifts notiert: 1 Fuhre Bier, 2 Scheffel Mehl, 1 Frischling, 2 Hühner und 1 Gans. Diese Notiz ist die erste Nachricht über das Bier im Münchner Stadtbereich.
Bier also hatte *Huvezzy* zu den Domherren nach Freising gefahren. Bier, gebraut aus Gerste, Hopfen, Hefe und Wasser? Auch das wissen wir nicht genau, denn erst im Jahre 1487 hat Herzog Albrecht IV. das berühmte »Münchner Reinheitsgebot« erlassen, das als das älteste immer noch gültige Lebensmittelgesetz der Welt gilt. Es legt ausdrücklich fest, daß »allain gersten, hopffen vnd wasser« zur Bierbrauerei verwendet werden dürfen. Das absolute Reinheitsgebot und die untergärige Brauweise stellen noch heute

Löwenbräu

Paulaner=
Thomasbräu

Pschorrbräu

Spatenbräu

Augustinerbräu

Hackerbräu

Hofbräu

die Säulen der modernen Brauindustrie in der ganzen Welt dar, deren Grundpfeiler allein im Münchner Boden verankert sind.
Der Übergang vom Hausbrauen zum gewerblichen Brauen vollzog sich um die Mitte des 13. Jahrhunderts. Nun kommt es zur Gründung der traditionsreichen Brauhäuser in München:
Löwenbräu, Spatenbräu, Augustinerbräu, Paulaner-Thomasbräu und Pschorrbrauerei.
Für das gesellschaftliche Leben Münchens haben die Brauereien mit ihren Bierkellern, auf denen sie schattenspendende Kastanien pflanzten, um das darunter lagernde Bier kühl zu halten, einen charakteristischen Beitrag geleistet: *Das Münchner Kellerleben.* In hellen Scharen ziehen die Münchner in die Gärten der Bierkeller und bringen ihre Brotzeit selbst mit, seit König Ludwig I. in einem Rechtsstreit zwischen den Münchner Wirten und den Brauern entschieden hatte, daß in den Bierkellern zwar Bier, aber keine Eßwaren gereicht werden dürfen, »es sei denn, daß sich die Leute selber etwas mitbringen«.
Vielerlei Biersorten gibt es in München. Früher zog man das dunkle, malzige Vollbier dem hellen vor. Aber seit dem Krieg haben sich die Trinkgewohnheiten der weißblauen Metropole ins Gegenteil verkehrt, jetzt trinkt man hierzulande am liebsten das *helle,* etwas stärker gehopfte Exportbier. Etwas stärker sind die *Märzenbiere* eingebraut, zu ihnen gehört auch das *Wiesenbier,* das zum Oktoberfest ausgeschenkt wird. Langjährige Übung erfordern jedoch die *Starkbiere* — zum Frühjahrsausschank und zum Maibock. Anfänger seien gewarnt! Besonders durstige Seelen bevorzugen das obergärige *Weißbier* mit einem Zitronenradel drin. Eine Empfehlung an heißen Sommertagen verdient auch die *Radlermaß,* eine Mischung aus hellem Bier und Zitronenlimonade — besonders geeignet für durstige Autofahrer. Wichtig zu wissen ist noch, daß in vielen Kellern nur jeweils eine Maß ausgeschenkt wird — ein Liter also. Wenn Sie in München »ein Helles« bestellen, bringt die Kellnerin Ihnen einen halben Liter, mitgebrachte Freundinnen oder Ehefrauen können in fast allen Gaststätten auch ein »kleines Helles«, einen Viertelliter also, bekommen.

Könnte man sich heute Münchner Lebensfreude, Münchner Schmankerl vorstellen ohne den köstlich schäumenden Gerstensaft, von g'standnen Münchner Kellnerinnen kredenzt? Münchner Brotzeit ohne Schweinefleisch und den daraus gemachten Würsten, Hendln, Ganserln und den für die Stadt so typischen bäuerlichen Brotsorten aus frisch gemahlenem Korn: Das Mauerloabi, der Pfennigmuckl, die Riemischen, die der Volksmund Römische nennt, und die echten Laugenbrezen? Wir sehen, daß Diakon *Huvezzy* wesentliche Bestandteile einer echten Münchner Brotzeit zu seinem Bischof gefahren hat. Hätte er einen Ochsen als Zugtier und am Wagen ein Kalb angebunden, ein paar Radi und Radieschen auf seinem Wagen gehabt, nichts hätte gefehlt, ihn auf einer langen und beschwerlichen Reise durch die Jahrhunderte in unsere Zeit zu begleiten.

... vom Enzian

muß auch gesprochen werden, wenn von Schmankerln die Rede ist. Denn auf all diese zuweilen sehr kräftigen Schmankerln braucht man dann oft einen gutbayerischen Magentröster. Auch München hat einen solchen echten, klaren Schnaps anzubieten: den oberbayerischen Gebirgs-Enzian. Aus den Wurzeln der gelb- und purpurfarben blühenden Enzianstauden wird er gewonnen — nicht aus den zierlichen blauen Blüten, wie der Salontiroler gern annimmt. Bekannt dafür ist eine Altmünchner Enzianbrennerei auf der idyllischen Praterinsel, umflossen von der grünen Isar, im Herzen der Stadt. Von dort geht der Enzian in den bekannten runden Glasflaschen mit der gelben Enzianstaude oder in bunten, handbemalten Krügerln aus bayerischem Porzellan in die ganze Welt.

Milzwurst in der Fleischsuppe (Rezept Seite 28)

Rund um die Weißwurst

Weißwurst-Weisheiten
Von Siegfried Sommer

Wanderer, kommst du nach München, dann schimpfe nicht gleich über die »Seppl« und die ungezählten Umleitungsschilder. Sondern mach zuerst einmal Brotzeit. Die Brotzeit ist nämlich nach altbayerischer Meinung nicht nur die schönste, sondern vor allem auch eine Zeit, zu der man sich unbedingt Zeit nehmen soll. Denn der Gott, der Eisen wachsen ließ, tat dies nicht bloß, damit man Aufschlagzünder daraus mache, sondern zuvörderst einmal Messer und Gabel. Und er schuf schließlich zum Besteck auch noch das Tellerfleisch und den Schnittlauch, die Milzwurst, das Bries und die Weißwurst. Bevor du aber, Fremder, die »Bayerischen Bananen« oder ein anderes Münchner Schmankerl deinem geschätzten Zerwirkgewölbe zuführst, lies die nachstehenden kleinen Weißwurst-Weisheiten. Und du hast mehr vom »Imbiß«, der »Jause« oder der »Vesper« in München.
Die Weißwurst wurde nicht vom weltbekannten Komiker Weiß-Ferdl, sondern Anno Domini 1857 von dem tugendsamen Metzgergesellen Sepp Moser im Gasthaus »Zum Ewigen Licht« zufällig erfunden. Für den Verzehr der Weißwurst gelten seit dieser Zeit folgende eherne Gesetze: Die Weißwurst soll das Zwölfuhr-Läuten nicht hören, weil sonst das Wurstbrat fade und unansehnlich wird, was den Genuß sehr beeinträchtigt, da nach einheimischen Vorstellungen auch das Auge mitißt. Weißwürste bestellt man nicht paar-, sondern stückweise. Man ißt sie entweder, in-

dem man die Haut vom Ende her mit Daumen und Zeigefinger halb abzieht und die Wurst dann in den Senf taucht, oder man kann sie mitsamt der »Montur«, der Haut, verzehren. Auch das »Auszuzln« ist absolut tafelfähig. Wenn man die Weißwurst hingegen zum Zwecke des Tranchierens in der Mitte durchschneidet, muß die Schnittfläche als Qualitätsbeweis ein »Häuberl« machen. Beim Essen muß sie aus der Haut schlüpfen. Wer die Weißwurst der Länge nach aufschneidet oder einen französischen Senf dazu nimmt, ist ein Barbar. Sagen die Münchner. Zur Weißwurst wird weder Sauce noch Salat gegessen, sondern süßer bzw. Meerrettich-Senf. Außerdem gehört das leider in München immer seltener werdende riesige Riemische oder das Maurer-Loawe, aus dem bekannten Loawedoag gemacht, dazu. Oder die resche Brezn. Jedoch nicht die ins Bayerische zugewanderte »Schrippe« oder gar der Aschinger »Knüppel«. Als Weißwurstgetränk empfiehlt sich das Weiß- oder Weizenbier, mit einer ganzen runden Scheibe Zitrone als Einlage drin. Merke dir jedoch, Tourist, Gast oder Zuag'roaster, daß der größte Feind einer frischen Maß oder Halbe das Fett ist. Verwehre also deiner »Blonden Reifenpanne«, der Sekretärin, der Urlaubsmieze und sogar der leibeigenen Gattin – sofern sie ihren Rosenmund mit dem in Stangenform gegossenen Scharlach bemalt hat – strikte den schäumenden Kelchesrand und bestelle ihr eine eigene Halbe. Denn selbst die geringste Berührung mit Öl oder Fett läßt das Bier entsetzt zusammenfallen, so daß es dich hernach mit einem beleidigten, tückischen Auge trübe anblickt.

Jeder Ureinwohner und gelernte Brotzeit-Macher wird sich deshalb auch ohne Verletzung der Tafelsitten nach dem Wurstgenuß mit dem Handrücken über den Mund fahren, bevor er das flüssige Brot zu sich nimmt.

Wer aber dabei glaubt, er sei vom »Thekenwart« beim Einschenken schlecht bedient worden, blas zuerst einmal langsam einen Kontrolltrichter in den weißen Schaum und lasse dann gegebenenfalls von der Bedienung nachschenken. Eine Münchner Kellnerin wird das nicht übelnehmen, denn sie ist an solche Aufträge ge-

wöhnt. Oder aber sie tröstet den Gast mit dem ortsüblichen Spruch: »Der Schankkellner braucht wieder amoi a neie Hos'n.«
Wer sich an diese Brotzeit-Statuten hält, der kann sicher sein, daß ihn sein bajuwarischer Tischgenosse oder Nachbar mit großem Wohlgefallen betrachten oder gar bald freundlichst »an Guat'n ...« wünschen wird, woraus der Fremdling schließen darf, daß er schon auf dem besten Wege ist, ein »gelernter« Bayer zu werden.

Wie die Weißwurst entstanden ist

Es war der Moser-Sepp, der am frühen Morgen, des Fastnachtsonntags 1857 mit seinen Metzgerburschen im spärlich erleuchteten Schlachthaus in seinem Gasthof »Zum Ewigen Licht« damit beschäftigt war, nicht zu geringe Mengen an Brat für die Bratwürste herzurichten. Als er soweit war, daß die Därme über die Wurstspritze gestülpt werden sollten, da stellte es sich heraus, daß es ewig nicht die richtigen waren. Viel zu dick waren sie. Die paar Meter dünne wurden schnell gefüllt, dann stand der Sepp vor einer schier unlösbaren Aufgabe, die er so löste, daß er die dicken Därme einfach zu doppelten Bratwürsten einfüllte.
Als dann am Sonntag die Gäste von der Kirche kamen, ließ er die dicken Würste im Herrenstüberl servieren, nicht ohne zu bemerken, daß man für die angesehenen Bürger was Besonderes auf den Tisch bringe. Die Begeisterung war groß. Auch der Fachmann, der Metzgermeister Mannhart vom Thiereckgaßl, beteiligte sich an der angeregten Unterhaltung, nur konstatierte er: »Das Brat muaß a wenig fester sein, die Wurscht muaß an Biß ham, Sepp, tua no was von de ogfiesltn Koibsknocha nei, na werns recht!« Und das tat dann auch der Moser-Sepp. Auch Petersilie und abgeriebene Zitronenschale kamen dazu und verfeinerten die Erfindung. So kam die Wurst abermals auf den Bür-

gertisch und fand schnell Beifall. Der Zivilarzt Buchner vom Rindermarkt probierte ebenfalls, ihm gefiel besonders die »reine weiße Farbe« daran, die, wie der Sepp erklärte, von dem gekochten Kalbfleisch herkäme. Damit hatte auch die Wurst ihren Namen, der seitdem in viele fremde Sprachen übersetzt, aber doch nur in München den richtigen Klang hat. Merke also: Weißwurst, Geburtsdatum: 22. Februar 1857, Geburtsort: »Ewiges Licht«.

Münchner Weißwürste

Für ca. 20 Personen
5 kg zu Brat verarbeitetes Kalbfleisch
250 g fein zerkleinerter Schweinespeck
1 kg kleingehacktes, gekochtes Kalbfleisch
2–3 Zwiebeln · kleingewiegte Schale von 1–2 Zitronen
Salz und feingemahlener weißer Pfeffer nach Geschmack
feingehackte Petersilie

Alle Zutaten werden sorgfältig miteinander verrührt, in die vorbereiteten Darmsaitlinge abgefüllt und abgebunden. Bevor man sie zu Tisch bringt, werden sie rund 20 Minuten in heißes Wasser gelegt. In einer Schüssel im heißen Wasser schwimmend werden sie auch serviert. Dazu gibt's Brezen, echten Münchner Weißwurstsenf – und natürlich ein Münchner Bier!

Der Münchner Weißwurstsenf

— und woraus er gemacht ist —

½ l Weinessig · 70 g grünes Senfmehl · 140 g gelbes Senfmehl
140 g Farinzucker · 2 Nelken

Gelbes und grünes Senfmehl werden mit dem Farinzucker gut durchgemischt. Den Weinessig läßt man mit den Nelken 10 Minuten lang kochen und schüttet ihn über die Senfmehl-Farinzucker-Mischung. Das Ganze wird mit glühenden Eisenstäbchen vier- bis fünfmal gut umgerührt.

Münchner Gastwirtschaften, die etwas auf sich halten, bieten auch heute noch ihren Gästen diesen hausgemachten Senf an. Zur Weißwurst paßt einfach kein anderer!

Brotzeit-Schmankerl

Die Brotzeit ist nicht wie die Jause, die Vesper oder das Z'Nüni an bestimmte Tagesstunden gebunden. »Brotzeit ist die schönste Zeit«, sagt der Münchner und hält sie, wann eben ihm danach ist. Er macht es sich dazu gemütlich. Tresen und Stehimbiß, hierzulande kaum dem Namen nach bekannt, lehnt er ab. Im Sommer sind die Biergärten geeignete Brotzeit-Stationen. Im übrigen haben alle Münchner Gaststätten, die etwas auf sich halten, ihr eigenes Brotzeitstüberl. Allerdings darf man nicht zu jeder Tageszeit die gleichen Brotzeit-Schmankerl erwarten: Die Weißwurst darf das Zwölfuhrläuten nicht mehr erleben, und der dampfendheiße Leberkäs' taucht im allgemeinen nicht vor 10 Uhr in den Metzgerläden auf. Aber was unbedingt zu einer gestandenen Brotzeit gehört: ein helles Bier (auch ein so erfrischendes obergäriges Weißbier mit einem Zitronenradel ist erlaubt) und ein Trumm Schwarzbrot oder ein paar Brezen oder Kümmelsemmeln, Riemische genannt — oder die Mauerloabi, kräftige dunkle Roggenbrötchen, die früher hauptsächlich von den Münchner Maurern bevorzugt wurden, und zwar zum

Leberkäs

Was kann es Besseres geben als solch ein dampfendes Trumm rotbachenen Leberkäs? Wer je die rituelle Andacht miterlebt hat, mit der etwa in der berühmten Franziskaner-Gaststätte gegenüber der Hauptpost ab 10 Uhr in der Früh große Scheiben mit röscher Kruste zusammen mit köstlichem hausbereitetem Senf und goldbraunen Laugenbrezen oder krachendfrischen Mauerloabi verzehrt werden, dazu ein Helles zum Abischwoab'n — zum Hinunterspülen —, der ahnt, wie köstlich so ein Münchner Schmankerl sein kann.

Man trifft den Leberkäs aber nicht nur in den Wirtshäusern und Metzgerläden — bei welchem Münchner Metzger, der etwas auf sich hält, hängt nicht die handgeschriebene Tafel im Fenster:

— man begegnet ihm auch in den Schriften von Ludwig Thoma und in zahlreichen Gerichtsprotokollen, denn der Münchner wacht mit Argusaugen über seinen Leberkäs. Wehe dem Metzger, der ihn nicht aus Stierbrat, Schweinefleisch und Speck mit Salz,

Pfeffer, Zwiebel, Majoran und Muskatblüte nach allen Regeln der Kunst zubereitet. Der Pranger ist dem Frevler sicher.
Sie vermissen die Leber bei der Aufzählung der Zutaten? Nun, sie gehört auch gar nicht hinein in einen echten Leberkäs. Geformt wie die Käslaibe, die alten Bauernkäs', Limburger und Romadur, goldgelb und knusprig wie Brotlaibe — so mag wohl vor Jahrhunderten schon der »Laiberkäs« seinen Namen bekommen haben, und daraus ist im Laufe der Zeit, nachdem man die ursprüngliche Bedeutung vergessen hatte, unser »Leberkäs« geworden.

Ebenso berühmt wie der Leberkäs ist der

Radi

auf Hochdeutsch Rettich oder Rettig. Nicht nur, weil der Radi eine alte Kulturpflanze ist und die bayerische Namensform sich nahezu unverfälscht von dem lateinischen Wort *radix* = Wurzel ableitet, ist diese würzige weiße Knolle in Bayern so sehr beliebt. Seit Karl dem Großen werden der Radi und seine leiblicheren Verwandten, die Radieschen und Eiszapfen, in Deutschland angebaut. Nirgendwo aber kam er zu solch lukullischen Ehren wie in München. Ob zur Wies'n, wie der Münchner das weltberühmte Oktoberfest kurzerhand zu nennen pflegt, oder zur Sommerszeit in den schattigen Biergärten, zur schäumenden Maß gehört ein Radi, fein säuberlich dünn geschnitten und gesalzen — weinen muß er, dann ist er würzig und mild. Der echte Bayer schneidet ihn der Länge nach: »Wer an Radi guat schneidn ko, der ko a guat tanzn«, sagt ein altes bayerisches Sprichwort.
Dazu noch einen saftigen Emmentaler oder Weihenstephaner Käs mit Brot, Butter, Salz und Pfeffer — und der weißblaue Himmel lacht zu dieser klassischen bayerischen Nachmittagsbrotzeit.

Und jetzt kommen wir zu den guten Hausmacher-Brotzeiten:

Tellerfleisch

Zartes Rindfleisch, in einer kräftigen Brühe weichgekocht, wird in Scheiben geschnitten, mit Salz und Pfeffer gewürzt, auf einem Holzteller angerichtet, mit etwas heißer Fleischbrühe übergossen, eventuell auch mit etwas feingehacktem Schnittlauch bestreut und mit frisch geriebenem Meerrettich oder auch mit scharfem Senf gegessen.

Kronfleisch

750 g Kronfleisch – so wird das Zwerchfellfleisch vom Rind bezeichnet
1–1¼ l Wasser · 1 gelbe Rübe · 1 Zwiebel
1 Stück Lauch (Porree) · 1 Stück Sellerie · Salz · Pfeffer
feingehackter Schnittlauch · geriebener Meerrettich

Das Kronfleisch wird kurz gewaschen und in gesalzenem Wasser mit dem Grünzeug 15–20 Minuten leicht gekocht. Die Krone muß in der Mitte rosa sein. Sie wird in Scheiben geschnitten, mit etwas heißer, gut gewürzter Brühe und mit Schnittlauch vom Holzteller gegessen. Dazu gehört unbedingt scharfer, frisch geriebener Meerrettich – Kren –, der einem das Wasser in die Augen treibt, außerdem eine dicke Scheibe Holzofenbrot oder Brezen.

Dieses Schmankerlrezept schrieb die Großmama Randlkofer in den siebziger Jahres des vorigen Jahrhunderts in ihr Rezeptbuch.

Alt-Münchner Briesmilzwurst

aus dem ehemaligen
Feinschmecker-Restaurant »Hahn«
in der Theatinerstraße

---

1 Kalbsnetz · 1 Kalbsmilz · Kalbsbries

1 Pfund Kalbsbrat

Netz warm waschen auf Brett. Milz vorsichtig untergreifen, darf kein Loch bekommen, da sonst Fülle herauskommt. Milz wenden, salzen, pfeffern, Zitronenschale, Petersilie, Zwiebel feinst wiegen, unter das Kalbsbrat mischen. Die gesamte Fülle gut abschmecken.

In Salzwasser, wenig Milch dazu, das Bries überwallen, in die gestürzte Milz füllen, wechselnd Bries (nicht in kleinen Stükken, sondern so groß als möglich) mit Kalbsbrat (geschlagenes) füllen. In Netz wickeln, mit Spagat binden und in gutem Sud Grünzeug, Zwiebeln, etwas Maggi, 2 Stunden kochen. Wickelfaden herunter und in Butter an allen Seiten leicht bräunen. Wenn möglich, nicht gebundene Bratensauce dazugeben und warmen Kartoffelsalat.

Rindermark auf Schwarzbrot

4–6 Markknochen, je nach Größe · 1–1¼ l Wasser
---
1 gelbe Rübe · 1 Stück Lauch (Porree) · 1 Stück Sellerie

Salz · Pfeffer · Schwarzbrot

Die Markknochen werden gewaschen, in kaltem Wasser zugesetzt, wenn das Wasser kocht, wird ein- bis zweimal abgeschäumt, das in Stücke geschnittene Grünzeug dazugegeben, gewürzt, 1 gute Stunde kochen lassen. Die Suppe streicht man durch ein Sieb, aus den Knochen löst man vorsichtig das Mark heraus, legt es auf Schwarzbrotscheiben und pfeffert und salzt es gut.

Milzwurst in der Fleischsuppe

(Foto Seite 17)

---
4 Scheiben Milzwurst

1–1¼ l Fleischsuppe (siehe Seite 43)

Salz · Pfeffer · Brot · Lauch · ½ Möhre

Zwiebeln · Schnittlauch

Die Milzwurst wird in einer kräftigen Fleischsuppe aufgewärmt — ziehen, nicht kochen lassen —, mit Salz und Pfeffer gewürzt und mit etwas Brühe serviert. Der Münchner ißt seine Milzwurst übrigens sehr gern in der Brotsuppe. Geben Sie als Einlage noch Zwiebelringe, fein geschnittenen Lauch und die gewürfelte Möhre in die Suppe und bestreuen Sie das Ganze mit Schnittlauchröllchen.

Schweinswürstl auf Kraut

8 Paar Schweinswürstl · Sauerkraut (siehe Seite 152)

Fett zum Braten

Die Schweinswürstl werden in wenig heißem Fett schön braun gebraten — Vorsicht, sie dürfen nicht platzen! — und mit Sauerkraut serviert.
Genauso werden *Kalbsbratwürstl* zubereitet.

Wollwürst' oder G'schwollene mit Salat

4 Paar Wollwürste · 1 EL Mehl · Bratfett

Kartoffelsalat (siehe Seite 166)

Wollwürste oder G'schwollene heißen jene merkwürdig eckig geformten Kalbfleischwürste ohne Haut. Sie werden in Mehl gewälzt und in heißem Fett von allen Seiten rasch und gleichmäßig abgebräunt und mit Kartoffelsalat gegessen.

Preßsack in Essig und Öl

2 Scheiben schwarzer Preßsack · 2 Scheiben weißer Preßsack

1–2 Zwiebeln · Essig · Öl · Salz · Pfeffer

Den abgehäuteten Preßsack schneidet man in Würfel, gibt die kleingehackte Zwiebel und die Salatsauce dazu, mischt gut durch und läßt ihn etwas ziehen.

Preßsack wird in München sehr gern auch nur mit scharfem Senf zu Schwarzbrot gegessen, oder auch die ganzen Scheiben mit Essig, Öl und viel Zwiebel angemacht.

Rindfleischsalat

---
500 g mageres, gekochtes Suppenfleisch · 2 Zwiebeln
Salz · Pfeffer · Essig · Öl

Das Fleisch wird in dünne Scheibchen geschnitten, mit Zwiebelringen, Essig, Öl, Salz und Pfeffer gewürzt und gut durchgemischt.

Ochsenmaulsalat

---
500 g Ochsenmaul · 1 Zwiebel · 1 gelbe Rübe
1 Stück Lauch (Porree) · 1 Stück Sellerie · Essig · Öl · Salz
gemahlener Pfeffer · ein paar Pfefferkörner

Das Ochsenmaul wird sauber gewaschen und alle dunklen Stellen entfernt. Dann kocht man es in Salzwasser mit dem Suppengrün und Pfefferkörnern weich. Anschließend läßt man es auskühlen, schneidet es in dünne Scheiben und gibt es in eine Schüssel. Man vermischt es mit der in Scheiben geschnittenen Zwiebel und gibt die Salatsauce aus Essig, Öl, Salz, Pfeffer und etwas Wasser darüber. Der Ochsenmaulsalat sollte einen Tag durchziehen.

Geprelltes Bries

---
*2–3 Kalbsbriese (in nördlichen Gegenden
auch Kalbsmilch genannt)*

½ l kräftige Fleischbrühe · Salz · Pfeffer · 1 Tasse Essig

Die Kalbsbrieschen kocht man in Essigwasser etwa 10 Minuten und läßt sie weitere 10 Minuten ziehen. Dann häutet man sie und legt sie in die heiße Fleischbrühe. Auch das Bries wird, gut gesalzen und gepfeffert, vom Holzteller gegessen.

Wurstsalat

---
500 g Lyoner oder Regensburger · 2 Zwiebeln · Essig

Öl · etwas Wasser · Salz · Pfeffer

Man zieht die Haut von der Wurst ab und schneidet sie in dünne Scheiben. Dann richtet man sie in einer Schüssel oder auf einer Platte an, gibt die in Scheiben geschnittenen Zwiebeln und die Salatsauce darüber und läßt alles etwas durchziehen.

Schweinsknöcherlsulz

---
4 Schweinsfüße · ⅛ l Essig · 1 Weinglas Weißwein
---
1 Eiweiß · 1 Zwiebel · 1 Stück Sellerie · 1 gelbe Rübe
---
2 Lorbeerblätter · 2 Nelken · Salz · 4 Pfefferkörner
---
etwas ungespritzte Zitronenschale

Die Schweinsfüße läßt man sich vom Metzger in etwa 5 cm große Stücke hacken. Man wäscht sie, setzt sie mit etwa 2—3 l Wasser auf, schäumt nach dem Kochen 2- bis 3mal ab, gibt dann das Grünzeug, die Gewürze, Essig, Wein und Salz dazu und läßt alles 1½ bis 2 Stunden kochen. Die Schweinsknöcherl werden auf kleine Schälchen verteilt, die gut auf die Hälfte eingekochte Brühe gießt man durch ein Sieb, läßt sie erkalten und fettet sie ab. Dann bringt man sie noch einmal zum Kochen, gibt das zu Schnee geschlagene Eiweiß darunter, schmeckt sie ab, gießt die Brühe über die Knöcherl und stellt sie kalt.

Zur Knöcherlsulz gibt's geröstete Kartoffeln, schön braun und mit viel Kümmel.

Tellersulz

erhält man, wenn man zusammen mit den Schweinsknöcherln noch 750 g durchwachsenes Schweinefleisch mitkocht, dann in Portionsstücken auf Tellern anordnet, nach Wunsch mit Scheiben von Senfgurke und gekochten gelben Rüben verziert und mit der Sülze übergießt.

Aus der Münchner Wurstküche

empfehlen wir noch einige Brotzeit-Spezialitäten: die Stockwürste, eine Art kleiner Verwandter der Weißwürste, die Lyoner, auch Leoni genannt, Dicke oder Regensburger (davon verträgt man schon drei Stück), die inzwischen recht international gewordene Bockwurst und die Weiße im Ring, von der man ein Stück heruntersäbelt. Das sind alles Brühwurstsorten, die mit scharfem oder süßem Senf und Semmeln oder Brezen oder Salzstangerln gegessen werden.

Das Brotzeit-Glöckerl
Von Siegfried Sommer

Die alten Stammgäste und Leberkäs-Snobs sagen nur das »Glökkerl« zu ihm oder die »Bratwurst«. So, wie gelangweilte Skifahrer von »Kitz« oder »Ritz« sprechen, wenn sie Kitzbühel und St. Moritz erwähnen. Gemeint aber ist bei den obengenannten Münchner Kostgängern das »Nürnberger Bratwurst-Glöckerl«. Jenes altmodische Brotzeit-Refugium im Schatten des mächtigen Domes, in das der gehobene Dämmerschoppengast mit der gleichen stillen Ehrfurcht eintritt wie der Fromme in die weihevolle Kühle der Frauenkirchen.
Einhundertsiebzig Jahre lang werden hier die Hungrigen von riegelsamen Wirtinnen mit allen Schmankerln dieser weißblauen Welt bereits bekocht. Und das alles von ein und derselben Bierschlegel-Dynastie, und zwar mit wirklich gemäßigtem Schanknutzen.

> *Stekk an die schweinen braten*
> *darzu die hüner jung!*
> *darauf mag uns geraten*
> *ein frischer freier Trunk*

So ist es auf der Speisekarte zu lesen.
Vermutlich hat diesen saftigen Reim einmal irgendein unbekannter Hans Sachs für drei Portionen Ochsenmaulsalat verbrochen. Tatsächlich gibt's jedoch nicht nur diese »Parlamentarier-Lippen«, wie so ein saures Schmankerl im Volksmund auch genannt wird, sondern noch viele andere Magentratzerl, die einem echten Genießer vor Freude sein »Hendl-Krematorium« zum Wackeln bringen. Ein Pichelsteiner zum Beispiel oder Krautwikkerl, eine Knöcherlsulz oder ein Preßsack in Essig und Öl. Am meisten aber freuen sich die veredelten Bierdimpfl im »Glöckerl«, wenn sie vor sich den alten Gassenhauer hinsummen können:

»Wos gibt's denn heit auf d'Nacht — ja, wos gibt's denn heit auf d'Nacht?« und sich dann selber die vielstimmige Antwort geben dürfen: »Heit gibt's a Rehragout, a Rehragout, a Rehragout.« Über diesen Choral freut sich natürlich auch die biedere Wirtin. Sie trägt trotz der Berühmtheit ihrer Einkehr noch immer keinen Leopardenmantel, sondern den grünen Sechs-Tage-Nerz, der im Volksmund auch Lodenmantel heißt. An den Fingern hat sie auch keine Brillanten, sondern höchstens einmal eine Wasserblase vom Blaukraut-Schneiden.

Die sympathische Ruhe im »Bratwurst-Glöckerl« wird kaum ein-

»A Ganserl — a schön's Ganserl ...«

Leberknödlsuppe (Rezept Seite 44)

mal durch ein sanftes Zuzeln oder ein bescheidenes »Bauerchen«, wie die zahlreichen nordischen Zecher sagen würden, unterbrochen. Das kommt wohl daher, weil alle Schmausenden meistens nach innen horchen, ob's auch wirklich »wohl bekommt«. Mit leisem Knistern splittern lediglich die rissigen »Riemischen Wekkerl« beim Anbiß. Zum Service gehören selbstverständlich auch Pfeffer- und Salzbüchserl, aus denen zur größten Überraschung auch tatsächlich der »Reichenhaller Zucker« herausrieselt. Die Eßlöffel sind solide und maulgerecht, und als Messer werden hier noch nicht jene modernen Apotheker-Spachteln verwendet, mit denen man höchstens eine Zinksalbe auftragen kann.
Das Bier aber wird vom Schenkkellner verhätschelt und verwöhnt wie ein liebes Mütterchen. In der Tat hat es oben am Hals sogar ein kostbares Brüsseler Spitzenkrägelchen aus allerzartestem weißem Schaum. Selbstverständlich werden die Faßl mit dem köstlichen Naß auch nicht gerollt oder geworfen, sondern aus ihrem Stangeneis-Verlies mit dem Aufzug heraufgewunden und dann vorsichtig getragen. Ebenso selbstverständlich dürfen hier die Biergläser, von denen der Dauergast sogar eins mit Goldrand bekommt, nie mit irgendeinem Wasser-Entspannungsmittel in Berührung kommen, denn sonst fällt doch das Bier augenblicklich zusammen, wie ein kleiner Bub beim ersten Schlittschuhlauf.
Das Gebälk der Bierstube ist gebeizt vom Rauch der Virginia und von dem Föhn des offenen Herdfeuers, der aus der Küche kommt. Es ist wahr, daß auch Deutschlands unheilvollster Abstinenzler öfters hier saß und aß. Aber sein Menü bestand zum Mißvergnügen der Kellnerinnen meistens nur aus »Macht mit Magenbitter«. Heute sitzen zufriedene Rentiers, Weinhändler, Apotheker und andere Bürger unter dem Regulator, dessen Pendel den Feierabend ganz gleichmäßig in weißwurstgroße Stücke teilt.
Hinter ihnen von der »Sankt-Nimmerleins-Wand« schauen mit retuschierten Augen alle jene Stammgäste herunter, die ihre letzte Maß längst ausgeschleckt haben. Das blinzelt der Karl Valentin mit hilflosen Pupillen zum Büfett hinüber, ob es denn für ihn gar keine Weißwurst mehr gibt. Lächelnd schaut der Leo Slezak der

strammen Bedienung Mia unter die Kniekehlen, während Ludwig Thoma geduldig auf ein Eichelsolo zu warten scheint.
An schönen Sommertagen aber ist sogar draußen vor der Tür noch ein altes Münchner Biergartel aufgebaut. Aus Kistchen mit den immergrünen Randstein-Lianen, die auch Efeu genannt werden. Dann muß die Mia oder die Frieda von der »Schenk« weg noch weiter laufen. Doch sie tut es mit einer Geduld, die ebenso weich und so lang ist wie die Boxkalfstiefel alter Münchner Bierkellnerinnen. Dem Herrn Rat hilft sie wohl beim Heimgehen auch in den Mantel, obwohl sie dabei fast in den Zehenstand muß. Zum Quetschwerkbesitzer Lenz jedoch sagt sie bei derselben Gelegenheit nur höflich: »Geht's.« Denn kleine Unterschiede möchten da schon noch sein.
Ach ja, es ist gemütlich und schön im »Glöckerl«. Denn alles, was ein echtes Münchner Herz begehrt, kann man dort noch kriegen. Gekochte Erdäpfel in der Montur, ein Hasenjung mit Semmelknödl, eine Schorle oder sogar eine »Grimmiteigsuppe«. Nur einen Platz kriegt man halt meistens keinen als Einheimischer.

Für »Ausländer« und solche, die die bayerische Sprache noch nicht perfekt beherrschen, sei die Übersetzung gleich angegeben: Angebatzter, noch vornehmer ausgedrückt: Zusammengemischter oder angemachter Käse.

Der Original-Obatzte
aus dem Bratwurstglöckl

---

1 Gervais-Carré · ½ Zwiebel, fein gehackt

1 Eidotter · Salz · Pfeffer · Paprika

Kümmel · 1 TL Butter

Gervais und Butter mit einer Gabel zerdrücken und die Gewürze samt einem Eidotter darunterheben.

Mit Topfen (Quark, Weißkäse) geht's natürlich ebensogut. — Eine Abwandlung davon ist der

Obatzte mit Camembert

1 reifer Camembert (100 g)

1 TL Butter · ½ Zwiebel, kleingehackt · Salz

Pfeffer · etwas Kümmel

zum Garnieren eine Essiggurke

Der Camembert wird mit der Gabel zerdrückt, mit der Butter, der kleingehackten Zwiebel und den Gewürzen gut vermischt. Man serviert ihn mit Salzstangerln und ißt ihn auf kräftigem Schwarzbrot. Übrigens: Trotz seines »ausländischen« Namens ist das Nürnberger Bratwurstglöckl am Dom ein echtes Münchner G'wachs, wo an dunklen Eichentischen Künstler und Geschäftsleute, Journalisten und Handwerker eng, aber gemütlich zur Brotzeit zusammensitzen.

Ohne mei Supp'n bin i krank

Als der Wenshofer Sepp zur Generalüberholung ins Sanatorium geschickt wurde — mehr aus Prestigegründen als medizinisch notwendig —, traf er dort den Muggenthaler Alois, den Unterbichler Otto und den Hirnmoser Toni.
Lauter g'standene Mannsbilder, die ein ihnen zutiefst unbegreiflicher Zug der Zeit brutal von den Fleischtöpfen der Münchner Wirtschaften in sterile, karbol-duftende Bereiche entführt hatte.

Mit der täglich registrierten Gewichtsabnahme sank die Laune der vier ins Unergründliche, bis jeder mit einem fürchterlichen Grant im G'sicht den Tag schon fast apathisch über sich ergehen ließ; denn zuerst hatte man ihnen gar nichts und dann nur sehr wenig zu essen gegeben. Nur der Hirnmoser behielt seine gute Laune, verlor allerdings auch nur langsam an Gewicht. Bald regte sich bei den anderen ein furchtbarer Verdacht, der rasch zur Gewißheit wurde. Der Hirnmoser wurde von den anderen als Abtrünniger entlarvt: beim Brückenwirt, mit einer Serviette um den Hals und einer großen Suppenschüssel auf dem blankgescheuerten Tisch.

»Da kann der Bazi leicht lachen«, sagte der Unterbichler, nahm einen Teller vom Nebentisch und fuhr mit dem riesigen Schöpflöffel in die dampfende Schüssel, während der Wenshofer laut nach der Kellnerin schrie.

»Ohne mei Supp'n bin i krank«, sagte der Hirnmoser mit einem Vergebung erheischenden Blick in die Runde, und drei genüßlich schlürfende Häupter nickten bestätigend Beifall.

In der Burgstraße

Fleischsuppe

500–700 g Suppenfleisch · 1½–2 l Wasser
1 gelbe Rübe · 1 Stück Lauch · 1 Stück Sellerie
1 Petersilienwurzel mit etwas Grünem
Salz · Pfeffer · 1 Zwiebel

Eine gute Fleischbrühe ist die Grundlage für fast alle Suppen. Will man eine kräftige Suppe, so setzt man das gewaschene Fleisch mit etwas Salz in kaltem Wasser zu. Ißt man aber das Fleisch hinterher zu Gemüse oder als Tellerfleisch, so gibt man es in heißes oder siedendes Wasser, damit sich die Poren sofort schließen. Bei einer kleinen Fleischmenge empfiehlt es sich, ein paar Knochen mitzukochen. Nach einer halben Stunde schäumt man die Suppe 1- bis 2mal ab, gibt dann das Grünzeug und die Gewürze dazu und läßt das Fleisch weich kochen. Nun wird die Brühe durch ein feines Sieb gegossen und abgeschmeckt.

Leberspätzlesuppe

125 g Rindsleber · 1 Zwiebel · 30 g Butter
1 Bund Petersilie · 4–5 EL Semmelbrösel · Salz
Pfeffer · 2 Eier · etwas Majoran · Brühe · Schnittlauch

Die Rindsleber wird fein geschabt, Zwiebel und Petersilie fein gehackt. Dann rührt man die Butter schaumig, gibt Eier, Leber, Zwiebel, Petersilie, Gewürze und Semmelbrösel dazu und läßt den gut verrührten Teig etwas stehen. Nach 10 Minuten etwa drückt man den Teig durch ein Spätzlesieb in die kochende Fleischbrühe. Die Spatzen sind fertig, wenn sie oben schwimmen.
Die Suppe wird mit feingeschnittenem Schnittlauch serviert.

Leberknödlsuppe

(Foto Seite 35)

---
250 g Rindsleber · Knödelbrot von 6—8 Semmeln vom Vortag
50 g Milz · 1—2 EL Mehl · 1 Ei · ½ Zwiebel · ⅛ l Milch
Salz · Pfeffer · 1 EL Majoran · Fleischbrühe · Schnittlauch

Das Knödelbrot wird mit lauwarmer Milch übergossen, feingehackte Zwiebel, Salz, Pfeffer, Majoran und das Ei darübergegeben. Gut durchziehen lassen. Dann gibt man die geschabte Leber und Milz dazu und mischt alles gut durch. Mit angefeuchteten Händen werden Knödel geformt und in kochendes Salzwasser gelegt. 15 Minuten leicht kochen lassen. Man kann die Knödel aber ebensogut gleich in die kochende Fleischbrühe geben.
Vor dem Servieren mit Schnittlauch bestreuen.
Die Leberknödel sollen weich und locker sein. Sie schmecken nicht nur in der Suppe, sondern auch zu Kraut.

Grießnockerlsuppe

---
1 Päckchen Nockerlgrieß · 1 Ei · 30 g Butter
Petersilie · Fleischbrühe · 1 Ei · Salz
etwas Muskatnuß

Die Butter mit dem Ei, einer Prise Salz und etwas Muskatnuß verrühren. Dann den Nockerlgrieß dazugeben, alles gut vermengen. Sofort mit einem Tee- oder Eßlöffel die Nockerl abstechen und in die kochende Fleischbrühe geben. Sie dürfen nicht zu groß abgestochen werden, weil sie noch quellen. 15—20 Minuten leise kochen und anschließend noch etwas ziehen lassen.

Bratnockerlsuppe

250 g Brat (Wurstmasse) · ⅛ l Milch · 30 g Butter
½ Zwiebel · 1 Ei · 4—6 EL Semmelbrösel
Petersilie · Salz · Muskatnuß

Das Brat mit der Milch glattrühren, würzen. Zerkleinerte Zwiebel und Petersilie im Fett andünsten und mit dazugeben. Ei und Semmelbrösel, Salz und abgeriebene Muskatnuß mischen — der Teig darf nicht zu streng sein. Mit einem nassen Eßlöffel Nockerl abstechen und in die kochende Fleischbrühe geben. Ungefähr 10—15 Minuten kochen lassen.

Bratstrudelsuppe

4 dünne Suppenpfannkuchen (siehe Seite 51)
Fleischsuppe · Bratnockerlteig (vorhergehendes Rezept)

Der Nockerlteig wird auf die Pfannkuchen verteilt und glattgestrichen. Dann werden die Pfannkuchen zusammengerollt. Aus jedem Pfannkuchen 4 Stücke schneiden, die man an den Rändern fest zusammendrückt. In die kochende Fleischbrühe geben und 10—15 Minuten leicht kochen lassen.

Selchfleischsuppe

500 g Selchfleisch (oder Reste von Selchfleisch, geräuchertem Wammerl und Speck)
1 Zwiebel · 5–6 Pfefferkörner · Suppengrün · 1½ l Wasser

Das Selchfleisch oder geräucherte Fleischreste in 1½–2 l Wasser mit dem Grünzeug, der Zwiebel und den Gewürzen 1½–2 Stunden kochen lassen. Durch ein Sieb geben und abschmecken. Als Einlage eignen sich kleine Semmel- oder Schinkenknödel.

Biersuppe

½ l dunkles Bier · 1 EL Mehl · 2 EL Zucker · 30 g Butter
1 Eigelb · etwas süßer Rahm (Sahne) · Salz · Zimt
1 Stück ungespritzte Zitronenschale

Das Bier wird mit dem Zucker, etwas Zimt, einem Stück Zitronenschale und Salz aufgekocht, dann 2–3mal abgeschäumt. In der Zwischenzeit bereitet man aus Butter und Mehl eine helle Schwitze, gießt den heißen Biersud nach und nach zu, läßt nochmals gut aufkochen und rührt vor dem Auftragen Eigelb und Rahm darunter.

Geröstete Grießsuppe

4 EL Grieß · 60 g Fett · 1–1½ l Brühe oder Fleischsuppe
Salz · Pfeffer · etwas Muskatnuß · Schnittlauch

Der Grieß wird im heißen Fett goldbraun geröstet und mit der Brühe aufgegossen. Man läßt die Suppe ca. 20 Minuten leicht kochen und bestreut sie mit kleingehacktem Schnittlauch.

Aufgeschmalzene Brotsuppe

250–350 g altes Brot · 1½ l Brühe oder Fleischsuppe
60 g Butter · 2 Zwiebeln · Salz · Pfeffer · evtl. 4 Eigelb

Das Brot in kleine dünne Scheibchen schneiden und in eine vorgewärmte Schüssel geben. Die Brühe würzen und zum Kochen bringen, in der Zwischenzeit die in halbe Scheibchen geschnittenen Zwiebeln im Fett schön braun rösten. Dann gießt man die gut abgeschmeckte Brühe über die Brotscheibchen und die gerösteten Zwiebeln. Die Suppe muß sofort serviert werden. Man kann auch in die vorgewärmten Teller oder Suppentassen vorher je ein Eigelb geben.

Altbayrische Gemüse-Brotsuppe

(Foto Seite 53)

30 g Schweinefett · 30 g Butter · 3 Zwiebeln
2 kleine Stangen Lauch · 2 Knoblauchzehen · Salz
500 g Bauernbrot · Majoran · Liebstöckel
Kümmel · schwarzer Pfeffer · 1 l Fleischbrühe
Petersilie · Schnittlauch · 2 Eier

In einer Pfanne das Schweinefett und die Butter auslassen und darin die in kleine Würfel geschnittenen Zwiebeln und den in feine Ringe geschnittenen Lauch anschwitzen. Die Knoblauchzehen schälen, fein schneiden, mit Salz bestreuen und zerdrükken. Mit dem in kleine Würfel geschnittenen Brot in die Pfanne geben und anrösten.
Die Mischung mit Majoran, Liebstöckel, Kümmel und schwarzem Pfeffer würzen, mit heißer Fleischbrühe auffüllen und 5 Minuten köcheln lassen. Zwei Eier mit etwas Wasser verschlagen und in die heiße Suppe rühren, damit sich Eierflocken bilden. Mit gehackter Petersilie und Schnittlauchröllchen bestreut servieren.

Rollgerstlsuppe

1 Tasse feine Rollgerste · 1¼ l Brühe oder Fleischsuppe
40 g Fett · 1 Eigelb · 2–3 EL Essig
1 kleines Stück ungespritzte Zitronenschale
Salz · Muskatnuß

Rollgerste gut waschen, in der Brühe mit Fett, Salz und der Zitronenschale zusetzen und ca. 2 Stunden leicht kochen lassen. Von Zeit zu Zeit etwas Flüssigkeit nachgießen. Wenn die Rollgerste weich ist, mit einem Eigelb abziehen, mit Essig und etwas geriebener Muskatnuß abschmecken.

Zwudlsuppe

---
6 EL Mehl · 1 Ei
---
ca. 1½ l Brühe oder Fleischsuppe · Salz

Aus dem Mehl, etwas Salz und dem Ei bereitet man einen lockeren Teig, zerbröselt ihn mit der flachen Hand und gibt die Bröckerl oder Zwudln unter Umrühren in die kochende Brühe. 15 bis 20 Minuten kochen lassen.

Milzsuppe

---
150 g Milz · 40 g Fett · ca. 1½ l Brühe oder Fleischsuppe
---
2 EL Mehl · Petersilie · 1 Zwiebel · Salz · Pfeffer

Milz waschen und mit einem scharfen Messer schaben. Die geschabte Milz mit der feingeschnittenen Petersilie und gehackter Zwiebel im heißen Fett ca. 5–10 Minuten andünsten, mit Butter bestäuben und nach und nach mit der Brühe aufgießen. Glattrühren und 30 Minuten leicht kochen lassen. Mit Salz und Pfeffer abschmecken.

Grimmiteigsuppn (geriebene Teigsuppe)

---
125 g Mehl · 1 Ei · Salz · 1½ l Fleischbrühe

Aus Mehl, Ei und Salz einen festen Teig kneten und daraus einen Ballen formen. Auf dem Reibeisen reiben Sie ihn in dünnen Flöckchen ab, lassen diese trocknen und geben sie in die kochende Suppe. Noch einmal aufkochen lassen.

Paradeisersuppe

375 g Tomaten (Paradeiser) · 1–1½ l Brühe
50 g Fett · Salz · Pfeffer · 2 EL Mehl · ½ TL Zucker
½ Zwiebel · ½ Tasse saurer Rahm (Sahne) · Petersilie

Die Tomaten werden in Stücke geschnitten und mit der kleingehackten Zwiebel in Fett 30 Minuten angedünstet. Dann mit Mehl bestäuben, die Gewürze dazugeben und nach und nach mit der Brühe aufgießen. Ungefähr 10 Minuten leicht kochen lassen. Die Suppe durch ein Sieb passieren, mit saurem Rahm verfeinern, abschmecken und gehackte Petersilie darüberstreuen.

Hirnsuppe

125–150 g Hirn · 40 g Fett · 2 EL Mehl
½ Zwiebel · 1 Eigelb · Salz · Pfeffer · Muskatnuß
1½ l Brühe oder Fleischsuppe · Schnittlauch

Das Hirn in heißes Wasser legen, damit sich die Haut abziehen läßt. Die Blutgerinnsel entfernen. Das abgehäutete Hirn fein wiegen oder hacken. Im Topf das Fett zergehen lassen, die zerkleinerte Zwiebel andünsten, das Mehl dazugeben und leicht anrösten. Mit der Brühe aufgießen, würzen und 20 Minuten kochen lassen. Dann das Hirn dazugeben und noch 5 Minuten durchkochen. Jetzt die Suppe mit dem Eigelb legieren, abschmecken und mit feingeschnittenem Schnittlauch bestreuen.

Panadlsuppe

3 altbackene Semmeln · 50 g Fett
ca. 1½ l Brühe oder Fleischsuppe · 1 Zwiebel
2 Eier · Salz · Pfeffer

Die Semmeln werden in dünne Scheiben geschnitten, in Wasser eingeweicht, leicht ausgedrückt, im Fett mit der kleingehackten Zwiebel angedünstet, mit Brühe aufgefüllt, gesalzen, gepfeffert und ca. 30 Minuten lang gekocht. Die Eier verschlägt man und rührt sie ganz zum Schluß unter die Suppe.

Pfannkuchensuppe

ZUM PFANNKUCHENTEIG:
2 Eier · etwas Milch · 100 g Mehl · Salz
Backfett · Schnittlauch · ca. 1½ l Brühe · 1 Prise Pfeffer

Aus obigen Zutaten bereitet man einen dünnen, glatten Pfannkuchenteig und bäckt in heißem Fett dünne Suppenpfannkuchen. Sind diese abgekühlt, rollt man sie zusammen und schneidet sie in feine Streifen. In Teller verteilen, die gut gewürzte Fleischbrühe darübergießen und mit etwas Schnittlauch bestreuen.

Briessüpperl

125 g Bries · 2 EL Mehl · 40 g Fett · ½ Zwiebel
Salz · Pfeffer · Muskatnuß · Petersilie
1¼ l Brühe oder Fleischsuppe

Das Bries säubern und 10 Minuten kochen lassen, abkühlen, abhäuten und klein wiegen. Sonst zubereiten wie Hirnsuppe.

Selleriesuppe

1 große oder 2 kleine Knollen Sellerie
50 g Fett · 1¼ l Brühe oder Fleischsuppe · 2 EL Mehl
Salz · Muskatnuß · Pfeffer

Sellerie waschen, schälen, in kleine Würfel schneiden und in heißes Fett geben. Mit Mehl bestäuben, goldgelb anrösten und mit der Flüssigkeit aufgießen, glattrühren und salzen. Eine gute halbe Stunde kochen lassen, mit geriebener Muskatnuß und etwas Pfeffer würzen. Man kann die Suppe auch durch ein Sieb streichen und mit einem Eigelb legieren.

Altbayrische Gemüse-Brotsuppe (Rezept Seite 48)

Saures Lüngerl (Rezept Seite 61)

Kräutersuppe

Nach einem alten Original-Münchner Rezept
des Mundkochs Seiner Majestät des Königs
Maximilian II. von Bayern, Rottenhöfer

Drei kleine weiße Mundbrote werden abgerieben, in feine Blättchen geschnitten und im Bratofen lichtgelb getrocknet. Unterdessen wird eine Handvoll Sauerampfer und ebensoviel Kerbelkraut gewaschen, fein gewiegt und mit etwas Butter weich gedünstet. Das Brot wird nun dazugetan, reichlich Fleischbrühe dazugegeben, gesalzen und mit Muskatnuß gewürzt und eine Viertelstunde gekocht. Vor dem Anrichten mit saurem Rahm und Eigelb legieren.

Kreutlsuppe

ca. 125 g Kreutl (Kerbel) · 40 g Fett · 1½ EL Mehl
½ Zwiebel · ca. 1½ l Brühe oder Fleischsuppe
Salz · Pfeffer

Kreutl — so werden die Kerbelsträußchen genannt, die es im Frühjahr in allen Standeln des weltberühmten Münchner Viktualienmarktes zu kaufen gibt. Am Gründonnerstag darf die Kreutlsupp'n auf keinem Münchner Mittagstisch fehlen!
Kreutl waschen und ganz kleinhacken oder wiegen, ebenso die Zwiebel. Das Fett erhitzen, Kreutl und Zwiebel dazugeben und zusammen mit dem Mehl 5 Minuten andünsten. Dann die Brühe langsam zugießen und glattrühren. 20 Minuten kochen lassen und abschmecken.

Klachel-Suppe

Original Altmünchner Rezept

Schweinsfüße in Scheiben gehackt, evtl. ohne die Pfoten, in folgendem Sud weich kochen: Wasser, Salz, etwas Essig, Lorbeerblatt, Zitronenschale, Zwiebel, Suppengrün, Pfefferkörner, kleines Maggiwürferl — und nur etwa 10 Minuten in Scheiben geschnittene Gelberüben mitkochen lassen, da diese zum Garnieren gedacht sind und noch einen »Biß« haben müssen — dann eine helle Mehlschwitze bereiten, mit dem Sud aufkochen, evtl. mit Zitronensaft und -schale nachsäuern, eine Knoblauchzehe, die man natürlich wieder herausfischen muß, mitziehen lassen und mit Gelberübenscheiben und Petersilie garniert servieren. Je nach Größe etwa 2 Scheiben pro Teller — zusätzlich mit Messer und Gabel anrichten.

Erdäpfel- oder Kartoffelsuppe

3–4 Kartoffeln · 3 gelbe Rüben
1 Stange Lauch (Porree) · 1 kleinere Sellerieknolle
1 Petersilienwurzel · 50 g Fett · Majoran
Pfeffer · Salz · etwas Paprika · ca. 1¼ l Fleischbrühe

Kartoffeln und Gemüse sauber waschen und in kleine Würfel bzw. Streifen schneiden. In der Brühe zusetzen, Fett und Gewürze dazugeben und 30 Minuten kochen lassen. Kartoffeln leicht zerdrücken, damit die Suppe sämig wird.
Mit Dampfwürstl, die in der Suppe heißgemacht werden, ist das ein herrliches Hauptgericht.

Schwammerlsuppe

375 g Schwammerl (Pilze), also Reherl (Pfifferlinge) oder Steinpilze oder auch gemischte Schwammerl

40 g Fett · ½ Zwiebel · ca. 1½ l Brühe oder Fleischsuppe

2 EL Mehl · Salz · Pfeffer · Petersilie

Schwammerl säubern, kurz waschen und nicht zu kleinhacken. Dann in heißem Fett mit der ebenfalls gehackten Zwiebel 5 Minuten andünsten, mit Mehl bestäuben und goldgelb rösten. Brühe langsam aufgießen und gut verrühren. 15 Minuten kochen lassen, abschmecken und vor dem Servieren mit feingehackter Petersilie bestreuen.

Karfiolsuppe (Blumenkohlsuppe)

1 kleiner Blumenkohl · ca. 1½ l Wasser · 50 g Fett

2 EL Mehl · 1 Eigelb · Salz · Pfeffer · Petersilie

Blumenkohl waschen, in kleine Röschen zerteilen, in dem heißen, gesalzenen Wasser weich kochen. Fett erhitzen, mit Mehl bestäuben und goldgelb anrösten. Mit der Blumenkohlbrühe aufgießen und glattrühren. Würzen und mit dem Eigelb legieren, dann erst kommen die Blumenkohlröschen wieder dazu. Vor dem Anrichten mit gehackter Petersilie überstreuen.

Wurzelsuppe

ca. 1200 g Tafel- oder Rosenspitz
je ca. 300 g Sellerie, Petersilienwurzel, Karotten und das Weiße vom Lauch
½ Zwiebel · Lorbeerblatt · Rosmarin · Salz · Pfeffer

Das Fleisch waschen, in kaltem Wasser aufsetzen und 1½ Stunden kochen. Jetzt erst salzen, Sellerie, Petersilienwurzel, Karotten und das Weiße vom Lauch in feine Streifen schneiden und zugeben. Mit Lorbeerblatt, etwas Rosmarin und Pfeffer würzen, ½ angeröstete Zwiebel zugeben und alles noch ½ Stunden garen. Dann wird das Fleisch herausgenommen, in Würfel geschnitten, wieder hineingegeben, und damit ist die Suppe fertig.
Das Rezept reicht für 6—8 Personen und kann auch als Hauptgericht serviert werden.

Sauerampfersuppe

ca. 125 g Sauerampfer · 50 g Fett
⅛ l saurer Rahm (Sahne) · ca. 1¼ l Brühe oder Fleischsuppe
1½ EL Mehl · Salz · Pfeffer

Vom Sauerampfer werden die Stiele entfernt, die Blätter sauber gewaschen und fein gehackt. Aus Fett und Mehl bereitet man eine Mehlschwitze, gibt den Sauerampfer dazu und dünstet ihn 5 Minuten. Dann gießt man die Brühe dazu und läßt nochmals gut durchkochen, zieht den sauren Rahm darunter und schmeckt die Suppe ab.

Wurzelsuppen
Von Mathilde Sonnemann

Früher ham's'es Schülienn g'heißen,
Frühlingssuppen hoaßen's d' Preißn
D'Schwaben hoaßen 's Kräutlessuppen
D'Bayern nenna's Wurzelsuppen. —
Wia ma's hoaßt is' oanerlei,
Grüns is' allweil vui derbei,
Nimmst an Porri und an Zwiebel
Gelbe Ruaben san nit übel,
Weißkraut, Wirsching, Zellerie
Und Kartoffel nemet i';
Weiße Ruaben, Petersui
Alles nimmt mer was mer wüll.
Sauber waschen tuast es dann,
Nachher geht des Kochen an;
Wiagst des alles fein am Brett
In an Tiegel tuast a' Fett,
Wannst an Butter kannst schpendirn
Nachher bräuchst di' net z'genirn.
Daderdrin laß't alles z'samm kochen
Balst des hast, tuest nei an Knochen.
Giebst a' bis'l Wasser d'ran
's brennat dir am End sonst an.
Salzen muaßt a' jede Speisen
Des brauch i' der wohl net z'weisen.
Hast a' Kochkist, stellst es nei.
Dann werd's bald schon firti sei'
Guat is's, wann all's sammt recht weich,
G'gessen is die Suppen gleich
Wia halt immer bei die G'schichten
's Essen schneller geht, wia's Richten.

Voressen, Lüngerl und andere Innereien

»Es gibt nix Bessers als eppas Guats«, sagt der Münchner und meint damit nicht zuletzt auch Lüngerl und Nierndl, Bries und Herzerl. Er meint damit auch ein Gericht, das früher fast jeden Tag als Vorspeise auf den Tisch kam: das Voressen. Pikant angemacht, sollte es den Appetit anregen. Jede Familie hatte ihr ureigenes Voressen-Rezept.

Voressen

1 kg Rinds- oder Kalbskutteln (auch -herz oder -magen)
50 g Fett · 2–3 EL Mehl · 1 TL Zucker · 1 Zitrone
3–4 EL Essig · 1 Zwiebel · Salz · Pfeffer

Die Kutteln werden in Essigwasser weichgekocht und in dünne Streifen geschnitten. Dann bereitet man aus den übrigen Zutaten eine dunkle Einbrenne, gibt die Stücke hinein und läßt noch einmal gut aufkochen. Zum Schluß säuert man mit etwas Essig nach und gibt eventuell etwas gehackte Petersilie darüber. Dazu gibt's Semmelknödel.

Saures Lüngerl

(Foto Seite 54)

750–1000 g Kalbslunge · 50 g Fett
Zur Einbrenne:
2–3 EL Mehl · 2 TL Zucker · Salz · Pfeffer
Zur Beize:
1 Zwiebel · 2 Nelken · 2 Lorbeerblätter · Salz
4 Wacholderbeeren · 1 Tasse Essig

Die Lunge waschen, in einem großen Topf in Salzwasser etwa eine Stunde kochen lassen und auf ein Sieb zum Auskühlen legen. Dann schneidet man sie in kleine Streifen, gibt sie in eine Schüssel, bedeckt sie mit dem Sud oder Wasser und gibt die Beizzutaten daran. Darin bleibt sie ein bis zwei Tage zugedeckt liegen.

Jetzt wird das Mehl im Topf braungeröstet, der Zucker karamelisiert und mit dem durchsiebten Sud unter ständigem Umrühren aufgegossen, bis alles sämig ist. Mit einem Schneebesen schön glattrühren. Die Sauce mit Zucker, etwas Pfeffer, nach Bedarf Salz oder Essig, abschmecken und das Fett dazugeben. Jetzt erst kommt die Lunge wieder dazu, und man kocht alles noch mal 15 Minuten auf.

Zum sauren Lüngerl gibt's Kartoffeln oder auch Semmelknödel.

Lungenknopf

Aus einem alten Münchner Kochbuch

Eine halbe Kalbslunge wird rein gewaschen, in Salzwasser weich gesotten, mit kaltem Wasser abgekühlt, von der Gurgel befreit, mit einer Zwiebel, Petersilienkraut und einer Zitronenschale ganz fein gewiegt. Dann werden fünf Loth Butter oder Abschöpffett schaumig abgetrieben, vier bis fünf ganze Eier daran gerührt, hierauf die gewiegte Lunge sowie eine handvoll Bröseln, Salz, Pfeffer, Muskatnuß hinein gegeben, eine Serviette gut mit Butter ausgestrichen, die Masse hineingefüllt, leicht zugebunden, in einen tiefen Hafen in kochendem Salzwasser drei Viertelstunden gesotten, die Serviette dann aufgebunden, der Lungenknopf auf eine runde Platte gelegt und mit einer Einmachsauce übergossen.

Leber sauer

500 g Kalbs- oder Schweinsleber · 40 g Fett
1 Zwiebel · 2–3 EL Essig · 1 EL Mehl · Salz · Zitronensaft

Die gewaschene Leber wird in kleine Scheibchen geschnitten. Kleingehackte Zwiebel röstet man mit der Leber in Fett gut an, staubt das Mehl daran und gießt mit warmem Wasser auf. Nun gibt man Essig, etwas Zitronensaft und Pfeffer dazu und läßt leicht durchkochen. Erst kurz bevor die Leber auf den Tisch kommt, wird sie gesalzen, da sie sonst hart wird. Dazu gibt's Salzkartoffeln und Salate.

Leberbunkel (Leberauflauf)

Vergessenes Münchner Schmankerl

Aus 250 g Mehl, 3 Eiern, Salz und wenn nötig Milch einen dikken Omelett-Teig herstellen. 300 g Schweineleber durchdrehen, mit Salz, Majoran, Pfeffer, Zwiebel, Zitrone würzen und unter den Teig heben. Ein Reindl mit einem Schweinenetz auslegen, die Masse hineingeben und mit dem Rest des Schweinenetzes abdecken. Bei guter Hitze ungefähr 1 Stunde im Rohr backen, bis die Oberfläche schön braun ist. Zu Salat oder Sauerkraut reichen.

Kalbsherz gedünstet

1–2 Kalbsherzen, je nach Größe · 50 g Speck
30 g Fett · 1 EL Mehl · 1 Zwiebel · 3 geschälte Tomaten
⅛ l saurer Rahm · 1 TL Zucker · Salz · Pfeffer

Die Herzen werden halbiert, das gestockte Blut entfernt, gewaschen und mit Salz und Pfeffer gewürzt. Der in Würfel geschnittene Speck, die in Scheiben geschnittene Zwiebel sowie die halbierten Tomaten mit den Herzen gut im Fett schmoren. Gut ¼ l Wasser darangießen, zudecken und ungefähr 1 Stunde weich dünsten. Wenn die Sauce zu sehr einbrät, gießt man nochmals etwas Wasser nach. Dann verrührt man Mehl mit etwas Wasser, gibt es zur Sauce, kocht gut durch und schmeckt mit etwas Zucker und Zitronensaft ab. Die Sauce durch ein Sieb passieren und die Sahne darunterziehen.

Gefülltes Kalbsnetz (Ofenmutz)

Aus einem alten bayerischen Rezeptbuch

Von ca. 10 alten Semmeln eine feine Kalbsbrustfülle herstellen, gut abschmecken, ein längliches Brot daraus formen. Zwei möglichst frische Kalbsnetze, gewässert, leicht ausgedrückt, ausbreiten, darauf die Semmelmasse geben, die Netzenden leicht darüber schlagen, in Bratreine mit gutem Fett und etwas Milch schön braun braten, wie jeden andern Braten. Nach ca. 40 Minuten heraus nehmen, warm stellen. Einige blättrig geschnittene Mandeln bräunen, einige Apfelscheiben ebenfalls. Den Braten in nicht zu dünne Scheiben schneiden, anrichten, die Mandeln darüberstreuen und mit den Apfelscheiben umlegen. Die sämig gekochte Sauce aus dem Bratenfond mit Milch aufgießen, binden, schön abschmecken, dazu reichen.
Als Beilage: Gemischten Salat, im Winter nur Kartoffelsalat.

Herzerl sauer

1–2 Kalbsherzerl · 1 l Wasser · 1 Tasse Essig
Salz · Pfeffer · 1 Lorbeerblatt · 1 Zwiebel
4 Wacholderbeeren · 4 Pfefferkörner

Das Herz wird gewaschen und sorgfältig von Blutgerinnseln befreit. 1 l Wasser bringt man mit dem Essig und den Gewürzen zum Sieden, gibt das Herz hinein und läßt es je nach Größe 15–20 Minuten leicht kochen. Man serviert es auf einem Holzteller; würzt mit Salz und Pfeffer und ißt dazu kräftiges Schwarzbrot.

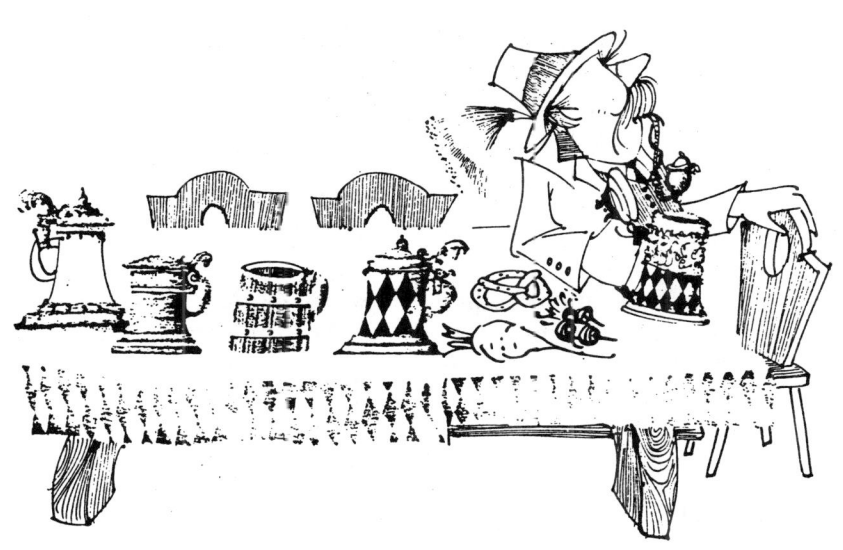

Nierndln sauer

---
500 g Kalbs- oder Schweinenieren
---
1 Zwiebel · 50 g Fett · 1 EL Mehl · Salz · Pfeffer
---
etwas Zitronensaft · 3–4 EL Essig

Die Nieren gut wässern, dann der Länge nach durchschneiden,
das Nierenfett und die Harnstränge entfernen.
Die Zubereitung ist die gleiche wie bei saurer Leber.

Briespflanzl mit Rahmsauce

Butter, die der Menge von 3 Eiern entspricht
3 Eier · 1 alte Semmel · Milch zum Einweichen
Bries · Leber · alter Braten oder Fleisch · Salz
Semmelbrösel · 1 Kalbsnetz · Rahmsauce

Drei Eier große Butter recht flaumig abrühren, drei Eier nacheinander hineinschlagen, eine alte Semmel in Milch einweichen, gut ausdrücken, zu der abgerührten Butter geben, dabei immer flaumig schlagen. Ein Bröckchen Bries, ein Bröckchen Leber und auch ein Bröckchen alten Braten oder Fleisch recht klein wiegen, unter das Gerührte tun, durcheinanderrühren und salzen. Eine Reine mit einem Kalbsnetz belegen, den Teig darauftun, zusammenschlagen, in ein geheiztes Rohr stellen und backen lassen. Eine gute Rahmsauce herstellen, das Gebackene herausnehmen, in Stücke schneiden, die Sauce darüberschütten und es als Ragout auf den Tisch bringen.

RAHMSAUCE:
50 g Butter · 1 EL Mehl · 1 Glas Rahm · Petersilie
Schnittlauch · Salz · Pfeffer

Die Butter auf schwacher Flamme schmelzen lassen, das Mehl darin verrühren, den Rahm, die feingehackten Kräuter, Salz und Pfeffer dazugeben und die Sauce, ohne daß sie aufkocht, unter ständigem Rühren eindicken lassen.

Kalbshirn gebacken

2–3 Kalbshirne · 1–2 Eier · Salz · Pfeffer

Mehl · Semmelbrösel · Backfett

Das Hirn legt man in lauwarmes Wasser, häutet es sorgfältig ab und achtet darauf, daß kein Blut zurückbleibt. Dann teilt man es in Stücke und bestreut es mit Salz und weißem Pfeffer. Jetzt wird es vorsichtig mit Mehl, Ei und Semmelbröseln paniert und in heißem Fett goldbraun auf beiden Seiten gebacken. Reichen Sie verschiedene Salate dazu.

Kalbsbries gedünstet

2–3 Kalbsbriese (Milcher, Schweser) · 60 g Butter

1 Glas Weißwein · 1 EL Mehl · 1 Zwiebel · Petersilie

Salz · Pfeffer · etwas Zitronensaft

Kalbsbries wird in kaltem Wasser zugesetzt und einmal aufgekocht. Ist es abgekühlt, häutet man es ab und teilt jedes in drei bis vier Stücke. Nun dünstet man die zerhackte Zwiebel im Fett glasig, gibt das Bries dazu, stäubt Mehl daran und röstet es kurz. Mit etwas Wasser und Weißwein ablöschen, mit Salz, Pfeffer und Zitronensaft würzen, gehackte Petersilie darüberstreuen und leicht durchkochen.

Dazu ißt der Münchner — wie zu fast allen Innereien — am liebsten gemischte Salate und Salzkartoffeln.

Kalbskopf gebacken

½ Kalbskopf · 2 Eier · Mehl · Semmelbrösel

Backfett · Salz · Pfeffer

Der Kalbskopf wird gut gewaschen und in Salzwasser weichgekocht. Das Hirn nimmt man vorher heraus und verwendet es zu einer Suppe.
Noch warm wird das Kopffleisch herausgelöst und mit Pfeffer und Salz gewürzt. Die ausgekühlten Fleischteile paniert man in Mehl, Ei und Semmelbröseln und bäckt sie in heißem Fett schön braun.

Schweinszüngerl im Kraut

2 Schweinszüngerl · 1 Zwiebel · 750 g Sauerkraut

50 g Schweinefett · 4–5 Wacholderbeeren

2 Lorbeerblätter · 4–5 Pfefferkörner · ½ l Wasser

Die Schweinszüngerl werden gewaschen und im Sauerkraut mit allen Zutaten zum Kochen zugesetzt.
Wenn sie weich sind, nach etwa einer Stunde, zieht man die Haut ab, schneidet sie in Scheiben, richtet sie auf einer Platte auf dem Sauerkraut an und gibt Kartoffelpüree dazu.

Schon um 1500 stand am Platzl im Lehel, in der Vorstadt, in der die Gerber und Lederer sich angesiedelt hatten, ein Gasthaus. Für die anfänglich kleine Gaststätte holte man zunächst das Bier in Kannen aus dem benachbarten Hofbräuhaus. Doch der Bierumsatz steigerte sich, und zuletzt mußten die täglich benötigten 600 Liter Bier mit Pferdefuhrwerken angefahren werden.

Schweinshaxe vom Spieß

Originalrezept vom »Haxnbauer am Platzl«
in München

Für die Original-Haxnbauer-Schweinshaxn ist ein großer Holzkohlengrill mit mehreren übereinanderliegenden Spießen notwendig.
Eine geradegeschnittene hintere Haxn von einem Schwein mit etwa 150 kg gut ablagern. Erst vor dem Braten die Schwarte in Rauten einschneiden, dann kräftig mit Pfeffer, Salz, Paprika, Wacholder und Knoblauch einreiben. Die aufgespießte Haxn mit großer Hitze anbraten, nach Bläschenbildung auf der Schwarte den Spieß auf kleinere Hitze umhängen und unter ständigem Drehen langsam weiterbraten. Die Haxn muß bis zu $3\frac{1}{2}$ Stunden bei einer zeitweisen Hitze von 260 Grad gebraten werden. Durch das langandauernde kräftige Braten verliert die Haxn etwa 40 Prozent vom Frischgewicht. Dadurch wird sie fast fettfrei, ohne jedoch auszutrocknen. So schmeckt sie einmalig gut! Sie können dazu Sauerkraut und Kartoffelpüree reichen, aber ein echter Münchner ißt seine Haxn nur mit gutem Bauernbrot.

Schweinshaxn (Rezept Seite 73)

Von der Haxn bis zum Schäuferl:
Fleischernes aus Münchner Küchen

»D'Erdäpfel schmecken am besten, wenn ma's erst der Sau gibt und dann d'Sau ißt«, sagt der Münchner, und ein anderes münchnerisches Sprichwort heißt: »'s beste Gmüas is halt doch as Fleisch!« Woraus schon allein hervorgeht, was bei einer echten Münchner Mahlzeit die Hauptrolle spielt. Noch vor 100 Jahren sah ein bürgerliches Mittagessen so aus: Voressen, gesottenes Rindfleisch und dann der Schweins- oder Kalbsnierenbraten. Ganz so üppig halten wir es heute nicht mehr, aber ein guter Braten muß einfach her! Und damit sind in erster Linie Schweinshaxn und Schweinsbraten gemeint.

Schweinshaxn

(Foto Seite 71)

---
2 hintere Schweinshaxn mittlerer Größe · 40 g Fett
---
1 Zwiebel · Salz · Pfeffer

Zunächst brennt man die Borsten ab, wäscht dann die Haxn und reibt sie gut mit Salz und Pfeffer ein. Nun kommen sie mit einer halbierten Zwiebel, dem Fett und etwas Wasser in die Reine. Unter mehrmaligem Begießen mit Wasser und öfterem Wenden werden sie je nach Größe 2–2½ Stunden gebraten. Ganz zum Schluß legt man die Haxn auf den Rost, stellt den Herd auf große Hitze (Grillen), läßt die Tür zum Bratofen einen Spaltbreit offen und läßt die Haxn von allen Seiten knusprig werden. Die Schwarte muß krachen beim Hineinbeißen! Den Bratenfond gibt man nach dem Abschmecken in eine Sauciere und hält ihn warm.
Zur Schweinshaxn gibt's natürlich Kartoffelknödel und Krautsalat.

Schweinsbraten

---
1 kg Schweinefleisch (Schulter, Schlegel oder Karree)
---
40 g Fett · 1 Zwiebel · Salz · Pfeffer

Das Schweinefleisch wird gewaschen, mit Salz und Pfeffer eingerieben und im Rohr mit der halbierten Zwiebel, dem Fett und etwas Wasser in einer Reine gebraten. Der Braten muß öfters mit etwas Wasser begossen und zwei- bis dreimal gewendet werden. Er ist nach etwa 1½ Stunden weich. Hat man ein Stück mit Schwarte, so schneidet man diese nach der halben Bratzeit würfelig ein. Ist das Fleisch weich, legt man es kurz auf den Rost und läßt die

Schwarte schön braun und knusprig werden. In Portionsscheiben schneiden und auf einer Platte anrichten.

Dazu gibt es Kartoffel- oder Semmelknödel (oder beides, wie es in Bayern noch vielfach üblich ist) und Salate. — Die Bratensauce muß klar bleiben und darf keinesfalls angedickt werden.

Münchner Wiesnbraten

1½–2 kg Schweinefleisch vom Schlegel · Sellerieblätter
Porree (Lauch) · gelbe Rüben · Petersilie · Zwiebeln
Knoblauch · Paprika · Salz · Pfeffer
dünne Paketschnur oder festes Garn zum Zusammenbinden

Vom Schweineschlegel ein schönes, flaches, rechteckiges Stück vom Metzger zurechtschneiden lassen, salzen, pfeffern, mit etwas Knoblauch einreiben und folgende Füllung hineingeben: feingewiegte Sellerieblätter, Porree, gelbe Rüben, Petersilie, feingehackte Zwiebel und etwas Paprika. Alles gut in das Fleisch eindrücken und zu einem Rollbraten zusammenschnüren. Am besten gleich auf der Wiesn am Spieß braten lassen, was etwa 3 Stunden dauert. Dazu passen eine gute Maß frisches Wiesnbier und echte Münchner Brezn. Der Wiesnbraten kann auch daheim im Rohr gebraten werden.

Schweinsbraten mit Kümmel

(Foto Seite 89)

---
1 kg Schweineschulter · 1 EL Kümmel
1 Zwiebel · Salz · Pfeffer · wenig Fett zum Anbraten
einige EL dunkles Bier

Das gewaschene Fleisch wird mit Salz, Pfeffer und Kümmel gewürzt, eventuell die Schwarte würfelig eingeschnitten und in die Reine mit etwas Fett, der geschälten, halbierten Zwiebel und ⅛ l Wasser geben. Unter öfterem Wenden und Begießen mit Wasser schön braun braten. Wenn das Fleisch weich ist, bestreicht man die Schwarte mit Bier und läßt noch einmal kurz bei starker Hitze braten, bis die Schwarte braun und knusprig ist.
Dazu gibt es Kartoffeln oder Semmelknödel und Salate oder auch Blaukraut.

Schweinernes im Kraut

---
750 g Wammerl oder Halsgrat oder ein Haxl
1 Zwiebel · Salz · Pfeffer · 750 g Sauerkraut
50 g Schweinefett · Wacholderbeeren · 2 Lorbeerblätter

Das Sauerkraut wird in einen Topf gegeben und mit etwas Wasser aufgefüllt, so daß es nicht ganz bedeckt ist. Dann kommen die halbierte Zwiebel, Wacholderbeeren, Lorbeerblätter und das Fett dazu. Das gewaschene, gewürzte Fleisch legt man aufs Kraut und läßt es ungefähr eine gute Stunde kochen, bis es weich ist. Semmel- oder Leberknödel passen gut dazu, aber auch Finger- oder Topfennudeln.

Surhaxl im Kraut

2 kleinere oder 1 größeres Surhaxl · 750 g Sauerkraut
50 g Schweinefett · 1 Zwiebel · Salz · Pfeffer
Wacholderbeeren · Lorbeerblätter

Surhaxl ein paarmal sehr gut waschen und im Kraut wie beim vorigen Rezept weich kochen.

Das Goassbratl

Alt-Münchner Rezept

Man hobelt rohe Kartoffeln ganz fein, salzt und pfeffert sie und gibt sie in eine gut gefettete Bratreine. Nun übergießt man sie mit Sahne oder Milch. Oben drauf legt man einige ganz dünne Jungschweineripperln und läßt die Kartoffel-Ripperl-Mischung im Bratrohr fertig backen. Man muß öfter einmal darin herumstochern und eventuell noch Milch oder Rahm dazu geben — es soll recht schön saftig sein.

Ripperl im Kraut

4 Scheiben rohe Pökelrippe (Kasseler) · 750 g Sauerkraut
50 g Schweineschmalz · 1 Zwiebel · Wacholderbeeren
Lorbeerblätter · Pfeffer · wenig Salz

Die Ripperl mit dem Kraut und allen Zutaten so lange kochen, bis das Fleisch weich ist, genau wie beim Rezept »Schweinernes im Kraut«. Nur das Kraut salzen, und zwar möglichst sparsam, da die Ripperl ja bereits scharf sind.

Bayrische Krautplatte mit Leberknödln und Würstl

(Foto Seite 123)

1 Zwiebel · 1 EL Schweineschmalz
500 g Sauerkraut · ⅛–¼ l Wasser · Kümmel
2 Wacholderbeeren · 1 Lorbeerblatt
Leberknödl (siehe Rezept Seite 44)
Kartoffelpüree (siehe Rezept Seite 143)
1 kleine Zwiebel · etwas Butter

Für das Kraut die Zwiebel schälen, fein hacken und im Schweineschmalz anschwitzen. Das Sauerkraut locker auf die Zwiebeln geben, Wasser zufügen, Kümmel, Wacholderbeeren und Lorbeerblatt zugeben und das Sauerkraut bei nicht zu großer Hitze in 20–30 Minuten garen.
Inzwischen die Leberknödl zubereiten.
Zu Sauerkraut und Knödeln noch Nürnberger Bratwürstl, Regensburger und Kartoffelpüree reichen. Über die Knödel in Butter geröstete Zwiebelringe geben.
In die Kochbrühe der Knödel kann man einige Backerbsen streuen und sie als kleine Suppe servieren.

Münchner Schlachtschüssel

750–1000 g Sauerkraut · ca. 500 g Schweinefleisch
ca. 500 g geräuchertes Wammerl
je 1 Leber- und Blutwurst pro Person · evtl. Schweinszüngerl
1 Zwiebel · Salz · Pfeffer · Wacholderbeeren
Lorbeerblätter · 50 g Schweinefett

Die Zubereitung ist die gleiche wie beim Schweinernen im Kraut (siehe Seite 75). Nur die Würste legt man 20–30 Minuten in heißes Wasser (nicht kochen). Dann richtet man auf einer großen Platte oder einer flachen Schüssel auf dem Kraut das Fleisch, in Scheiben geschnitten, und die Würste an und reicht Kartoffelpüree, Semmel- oder Leberknödel dazu.

Saures Schweinefleisch

750 g nicht zu fettes Schweinefleisch · 40 g Fett
ca. ½ Tasse Essig · 2 Zwiebeln · 2 gelbe Rüben
1 Stange Lauch · Salz · Pfeffer

Das Schweinefleisch wird gewaschen und mit den in Scheiben geschnittenen Zwiebeln, gelben Rüben, Lauch und Fett in gut 1 l Wasser zum Kochen zugesetzt. Kräftig würzen, ca. ½ Tasse Essig, je nach Geschmack, dazugeben und ungefähr eine Stunde brodeln lassen. Vor dem Auftragen schneidet man das Fleisch in Scheiben, legt es in eine Schüssel, gießt den Sud mit dem Gemüse darüber und serviert Salzkartoffeln dazu.

Schpofackl (Spanferkel)

1–1½ kg Spanferkel · 50 g Fett · Salz
Pfeffer · ¼ l Bier

Das Spanferkel wird gut gewaschen, die Schwarte würfelförmig eingeschnitten — am besten läßt man das vom Metzger vorher machen — und mit Salz und Pfeffer eingerieben. Gebraten wird es am besten auf dem Rost in der Auffangschale, in die man etwas Wasser gibt, zuerst mit der Schwarte nach unten, man dreht es nach ½ Stunde um und brät es gut eine weitere ½ Stunde. Die Schwarte muß man öfter mit Butter und Bier bepinseln und mit Wasser begießen, sie wird dann herrlich braun und knusprig.
Zum Spanferkelbraten gibt's Kartoffelknödel und Weißkrautsalat mit Speck.

Spanferkel gefüllt

Aus einem alten Kochbuch

Dazu braucht man kein ganzes Spanferkel, wenn die Familie nicht gerade 10 Personen hat. Wir geben nämlich eine Fülle hinein: Lunge, Herz und Zunge des Ferkels werden dazu mit Salz, Zwiebel, Lorbeerblatt und Pfefferkörnern weich gekocht. Die ganze Mischung mit der rohen Leber des Ferkels und einer rohen Zwiebel durch die Maschine drehen, ein paar eingeweichte Semmeln, 3 Eier, Salz und eventuell einige Pistazien dazugeben. Das Ferkel mit dieser Farce füllen, zunähen und braten (man rechnet 2 Stunden und für jedes Pfund Fülle 15 Minuten länger). Aber ja nicht zu lange braten, das Fleisch ist ohnehin schon weichlich. Dazu kann man Röstkartoffeln essen.

Vom späten Mittelalter bis zum Beginn des 19. Jahrhunderts lag an der Stelle des heutigen Max-Joseph-Platzes das Franziskanerkloster. Und bereits im 16. Jahrhundert hatte sich in unmittelbarer Nachbarschaft der Mönche ein Brauer niedergelassen. Aus dieser Brauerei ging die renommierte Gaststätte hervor, die heute, nachdem sie im Zweiten Weltkrieg zerstört und 1950 wieder aufgebaut worden war, neben Raffinessen der internationalen Kochkunst bewußt die Traditionen der altbayerischen Küche pflegt — vor allem in ihren liebenswerten Brotzeitstüberln gegenüber der Hauptpost.

Spanferkel

Originalrezept der Franziskaner-Fuchsenstuben

Das vorbereitete Ferkel — in der Schweinezüchterei der Franziskaner-Gaststätten wird dafür gesorgt, daß das Fleisch der Tiere mager bleibt — wird in zwei Längshälften geteilt, gesalzen und gepfeffert. Jede Hälfte wird für sich in der Reine im eigenen Saft 1½ Stunden gebraten, mehrfach mit Bier (!) und mit Bratensaft bepinselt, damit die Kruste goldbraun und knusprig wird.
Mit echten bayerischen Kartoffelknödeln und frischem Speckkrautsalat serviert, wird dieses Münchner Schmankerl dem Gast aus aller Welt in angenehmer Erinnerung bleiben.

Hax'n

Hax'n sauer und gebraten,
Kann an Menschen nia nix schaden.
I', i' bin amal a Bauer,
Und i' mag die Hax'n sauer.
Waschen derf mer's, dees is' g'wiß
Weil's do' manchmal drecket is'.
Essig, Wasser, Zwiebel, Rüben,
Salz und Pfeffer nach Belieben,
Hast a' wengerl a' Zitrone
Du, die schmecket aa net ohne.
Da legst deine Haxen eini,
Die vom Kalb natürli' moan' i'.
Dees muaß kochen bis recht weich,
Essen kannst d'es nachher gleich. —
Jetzt, wenn'st braten willst dö Hax'n
Dees geht ohne viele Fax'n.
Tuast a' Fett in Tiegel nei,
D'Hax'n d'rauf, doch salz mer's fei',
Zwiebel und a' Suppen d'ran,
's tuat's auch Wasser, liaber Mann
Deckst es zua, schaust manchmal nei'
s'kunnt sonst angebrannt leicht sei —
Dees wird schön braun, grad wie lackiert,
Hernacher wird's auch glei' verzihrt. —
Kimmst du mit heile Hax'n, Schatz,
Na kriagst zuerst an festen Schmatz.
Und kochen tua' i dir, oh mei'
Was d'magst, es braucht kei' Hax'n sei'.

Kalbshaxn, gebraten

1 Kalbshaxe · 100 g Butter · Salz · Pfeffer · 1 gelbe Rübe
1 Zwiebel · 1 Stück Sellerie

Die Kalbshaxe wird gewaschen, abgehäutet, mit Salz und Pfeffer eingerieben, mit der halbierten Zwiebel, der in Scheiben geschnittenen gelben Rübe, dem Sellerie und etwas Wasser oder Brühe mit 50 g Butter in die Reine gegeben, damit man eine schöne Sauce bekommt. Im Rohr bei guter Hitze braten. Für eine große Kalbshaxe rechnet man ca. 2½ Stunden Bratzeit. Man muß sie öfter wenden, mit Wasser übergießen und mit Butter bepinseln. Ist die Haxe fertig, legt man sie noch kurz auf den Grill oder auf den Rost, damit sie schön knusprig und braun wird. Die Sauce streicht man durch ein Haarsieb und schmeckt sie ab.
Serviert wird die Kalbshaxe mit Semmelbröseln oder Kartoffelsalat und verschiedenen Salaten.

Kalbshaxe, abgebräunt

1 schöne Kalbshaxe · 1 gelbe Rübe · 1 Stück Sellerie
1 Zwiebel · 2 EL Essig · Salz · 50 g Fett

Reichlich Wasser in einem großen Topf aufsetzen, die geputzten Gemüse, die aufgeschnittene Zwiebel, Salz und Essig zugeben und zum Kochen bringen. Dann die gewaschene Haxe dazugeben und gar kochen lassen.
Nun wird die Haxe abgetrocknet und in das heiße Fett in die Reine gegeben. Mit dem Fett beträufeln und von allen Seiten rasch knusprig braten. Die Sauce extra reichen und gemischte Salate dazugeben.

In einem amerikanischen Lexikon ist es bereits festgehalten: Die Mathäser-Bierstadt trägt ihren Namen zu Recht. Denn sie ist der größte Bierausschank der Welt! Mit über 5000 Sitzplätzen in 15 gemütlichen Lokalen (auch im Grünen und unter Terrassenarkaden kann man mitten in der Stadt sitzen), mit Großkino und Parkkeller und einem wöchentlichen Ausschank von 55000 Litern Bier bricht »der Mathäser« alle Rekorde. 1956 bis 1958 wurde die im Zweiten Weltkrieg zerstörte Bierstadt in ihrer heutigen Form wiederaufgebaut.

Nun eine Kostprobe der Mathäser-Gastlichkeit:

Kalbsschäuferl Altmünchner Art
aus der Mathäser-Bierstadt an der Bayerstraße

Aus einer Kalbsschulter mit Knochen werden der Breite nach sechs bis acht zweifingerdicke Scheiben geschnitten und gesägt. Sie werden mit Salz und Pfeffer gewürzt, in Mehl gewendet und schnell in heißem Fett angebraten, dann mit Weißwein abgelöscht und mit guter Fleischbrühe aufgefüllt. Dann werden sie gar gedünstet. Bevor sie fertig sind, gibt man noch in feine Streifen geschnittene Karotten, Sellerie und Porree dazu und läßt alles zusammen noch etwa eine Viertelstunde garen. Dazu gibt man Semmelknödel und grünen Salat.

Gefüllte Kalbsbrust

1½ kg Kalbsbrust · 1 gelbe Rübe · 80 g Fett · Salz
Pfeffer · 1 Zwiebel · 100 g Butter
FÜR DIE FÜLLE:
2 Eier · Salz · Pfeffer · Muskatnuß
2—3 altbackene Semmeln · Petersilie · ¼ kleingehackte Zwiebel
etwas feingehackte Zitronenschale
etwas Milch zum Einweichen

Man läßt sich vom Metzger die Kalbsbrust vorbereiten, also ausbeinen und die Innenhaut ablösen, damit eine Tasche entsteht. Die Kalbsbrust wird innen und außen gewaschen, gesalzen und gepfeffert. Die Semmeln werden in Milch eingeweicht und dann fest ausgedrückt.

In einer Schüssel vermengt man die Semmeln mit den Eiern, den Gewürzen, Zwiebel, Petersilie, Zitronenschale und der zerlassenen Butter. Nun gibt man die Fülle vorsichtig in die Fleischtasche und näht diese mit einem festen Zwirn zu. Dann schmort man in der Reine die in Scheiben geschnittene gelbe Rübe und Zwiebel an, legt die Kalbsbrust darauf und läßt sie im Rohr ca. 1½ Stunden schön braun braten. Während des Bratens öfter mit etwas Wasser oder Brühe oder dem eigenen Saft begießen! Die Sauce wird durchpassiert und abgeschmeckt.

Zur gefüllten Kalbsbrust wie zum Kalbsnierenbraten reicht man Kartoffel- und andere Salate.

Kalbsnierenbraten

1–1½ kg Nierenbraten · 1 Zwiebel
½ Tasse saurer Rahm nach Belieben · Brühe zum Aufgießen
60 g Fett · 1 gelbe Rübe · Salz · weißer Pfeffer

Den Nierenbraten beim Metzger fertig vorbereitet kaufen. Waschen und mit Salz und weißem Pfeffer einreiben. Dann in der Reine mit dem Fett, der in Scheiben geschnittenen Zwiebel und den ebenfalls in Scheiben geschnittenen gelben Rüben von allen Seiten anbraten, bis er Farbe angenommen hat. Nun gießt man etwas Brühe daran und läßt ihn im Rohr unter öfterem Begießen mit Brühe ca. 1½ Stunden braten bis er weich ist. Die Sauce durch ein Sieb passieren, eventuell sauren Rahm unterziehen und abschmecken.

Kalbsschäuferl blau

1 Kalbsschäuferl · Zwiebeln · Salz · Nelken
Wacholderbeeren · Zitrone · Lorbeerblatt · Butter
Mehl · 1 Eigelb · saure Sahne · Wein
evtl. Weinessig · Kapern

Kalbsschäuferl beim Metzger bestellen, da es sonst nur ausgelöst zu haben ist. Man stellt einen Sud her aus Wasser, Zwiebeln, Salz, Nelken, Wacholderbeeren, Zitronenschale, Lorbeerblatt und läßt das Schäuferl ca. ¾ Stunde kochen. Dann macht man eine ganz helle Einbrenne (Butter und Mehl goldgelb rühren), gießt mit dem abgeseihten Sudwasser auf, legiert mit einem Eigelb, verfeinert mit etwas saurer Sahne und schmeckt mit etwas Wein oder gutem Weinessig ab. Eventuell Kapern daran geben. Gut abschmecken Semmelknödel oder Kartoffelbrei dazu.

Eingemachtes Kalbfleisch

750—1000 g Kalbfleisch (Brust, Schulter oder Schlegel)
1 gelbe Rübe · 1 Petersilienwurzel · Salz
weißer Pfeffer · 40 g Butter · 1—2 EL Mehl
1 Stück ungespritzte Zitronenschale · etwas Zitronensaft
¼—½ l Brühe · Sahne

Das gewaschene Fleisch wird in Stücke geschnitten, gewürzt, in heißer Butter mit der in Scheiben geschnittenen gelben Rübe und Petersilienwurzel sowie feingehackter Zitronenschale zugedeckt angedünstet. Hat das Fleisch Farbe angenommen, nimmt man es heraus, gibt das Mehl daran, gießt mit Brühe auf, bis die Sauce sämig ist, und seiht diese durch ein Sieb. Jetzt wird das Fleisch wieder dazugegeben, etwas Zitronensaft ebenfalls, weich kochen lassen. Abschmecken und mit der Sahne verfeinern.

Eingemachtes Kalbfleisch kann man mit Spargelspitzen verfeinern. Als Beilage reicht man Reis, Makkaroni oder Salzkartoffeln und Salate.

Das Biflamod mit Semmelknödeln

gekocht von einer oidn Münchnerin

Bal vana was Gscheits z'Essn wui
hat weni Geld und frißt recht vui
dann braucht er einen Fraß der füllt
der wo eahm seinen Hunger stillt
net daß er scho nach a paar Stund
scho wieda was vertilgn kunnt
mit dene Schnitzl, Frit und Steek
da bringst den Kohldampf nia net weg.

In Minga war des oiwei Brauch
daß ma recht gschaugt hat auf sein Bauch
Kartoffi ham ma nia vui gessn
de lassn mir de Sau zerscht fressn
bevor ma uns dann drüwa macha
und s' Schweinerne dann bron und bacha
doch schmeckts vom Rindvieh a ganz guat
bals d'Münchnerin guat kocha tuat.

Da is zum Beispui 's Biflamod
wo an saudumma Nama hot
aber der Gschmack der läßt sie hörn
und koana werd si da beschwern
i habs scho gspannt daß sogar Preißn
ums Biflamod sich bsunders reissn
da haltns sogar eahna Mai
und fressn dann für drei.

Schweinsbraten mit Kümmel (Rezept Seite 75)

Was ma da allas dazua braucht
daß 's oan beim Kocha niamals schlaucht
des schreim mir jetza uns ois zamm
daß ma des Zeig beinanderham
sunnst miassatst di glei gar no frettn
bal ma da was vergessn hättn.
Natirili brauchst da ausserm Ofa
Schüsseln, Tigl und an Hofa
des Kuchlzeig setz i voraus
sunnst schaugt am End glei gar nix raus.
Ois Fleisch is 's Beste wia i find
zwoa Pfund Wadschenkl vom Rind
des reim ma dann mit Salz leicht ei
deans pfeffern und in Hofa nei
dann kimmt dazua a Trumm vom Lauch
zwoa Lorbeerblattl nehm ma auch
vo gelbe Ruam, a Zitronaschaln
muaß uns den Gschmack no untermaln.

A gschälta Zweifi mit acht Löcha
de mir auf d'Seitn einistecha
der werd mit rasse Nagerl gspickt
indem mas eahm in Bauch neizwickt.
Ham ma den a no einiglegt
dann is de größte Arwat weg
mit Weinessi giaß ma dann auf
werds z'scharf kimmt no a Wasser drauf.

Des kennt ma glei bal ma dro schleckt
so vui muaß sei daß's Fleisch zuadeckt
daß durchaus nix mehr aussaschaugt
weil sunnst de Woackarei nix taugt.
Ham ma den rechtn Deckl gwählt
dann werd der Hofa wegagstellt
denn's Fleisch muaß jetza vier Täg boazn
drum brauch ma a koan Ofa hoazn.

Am fimften Tag zahrn mir den Hofa
mitsamtn Fleisch zu unserm Ofa
und sian im Sud drinn allas weich
wennst einistichst dann merkst des gleich
dann machst a Brenn aus Mehl und Fett
dazua nimmt ma koan Butter net
balst achzg Gramm hast des langt dir scho
dann gibst no a Pris Zucka dro.

Auf de Weis werd des Einbrenn dann
gleichmäßi braun in deiner Pfann
löschn tuat ma dann min Sud
da bleibt der Gschmack drinn und is gut
is's ferti laß dirs net verdriassn
und tua des in an Tigl giaßn
tua's Fleisch dazua und koch schö stad
weils nachher Zeit zum Woachwern hat.

Zehn oide Semmeln schneid'n ma zamm
und bal ma a zwoa Oar no ham
dann pack mas in a Schüssel nei
ge'm Petersui ghackt a no drei
mit Milli tean mas übergiassn
weil d'Semmi nämli woacka miassn
und nachn Salzn laß mas ziang
weil ma dann schöne Knödl kriang.

Inzwischen stelln ma aufn Ofa
dreiviertl voll den Knödlhofa
nimm den net z'kloa, beim Knödlsian
muaß si' der Knödl könna rührn
bis 's Wasser siad ham ma jetz Zeit
und knetn unsern Doag bereit
der derf net z'woach sei und net z'trocka
sunnst bleibst auf deine Kugln hocka.

Und jetza konnst de Knödl drahn
dabei muaß ma a so verfahrn
daß si' de Kugl rechts rum draht
weil ma des so in Bayern hat
drahst linksrum hast koa Garantie
da wern dir deine Knödl hi
dann konstas um sechs Häuser schmeissn
und net oana werd dir zreissn.

Kochts Wasser jetza dann is s' guat
weil ma dann Knödl einituat
schö langsam daß des weitasiad
sunnst wern dir deine Kugln miad
und auf den Hofa — schreib dirs auf
tua ma da ja koan Deckl drauf
koa Knödl werd was — des is gwiß
bal so a Hofa zuadeckt is.

Wenns alle schwimma dann gibt acht
daß's Feier nimma gar so kracht
des Wasser soll kaum Waller macha
des mögn de Knödl, daß dann ziang
und schaugst dann hi, dann siechstas nachher
daß a an größern Umfang kriang.
In zwanzg Minutn is 's so weit
da hast dann Knödl für de Leit.

Nembei konnst lurn nach deiner Soß
ob a der Gschmack is ganz famos
dann konnstas eahna zuawifahrn
und alle essns wia de Narrn.
A Hausfrau is a armes Luada
drei Stund kochts hi an so a Fuada
balst nachher zuaschaugst bei dem Essen
in zehn Minutn is ois gfressen.

Nachtrag:

Wenn d'Köchin gar a Bisgurn is
des gibts doch a — i woaß des gwiß
dann konnstas ärgern grea und blau
bals net grad aufpaßt ganz genau
schaug schnell ins Knödlwasser nei
und steck a Stückerl Soafa nei
wenns dann de Knödl einituat
dann laft des Weiberts a bald furt
denn so vui konns net einilupfa
wia ihra wieda aussahupfa.

Suppenfleisch oder Beinfleisch

1 kg Suppenfleisch (Zwerchrippe, Hochrippe, Brustkern o. ä.)
1 gelbe Rübe · 1 Stück Sellerie · 1 Stück Lauch
Salz · Schnittlauch

Das Stück Fleisch mit Grünzeug und Salz in heißem Wasser zusetzen, ca. 2 Stunden kochen, bis es weich ist. Das Suppenfleisch in Scheiben schneiden, auf eine vorgewärmte Platte legen, mit kleingeschnittenem Schnittlauch bestreuen und etwas Brühe darübergießen.
Mit Gemüse und Salzkartoffeln servieren. In München ißt man besonders gern Meerrettichgemüse oder auch warmen bayerischen Kartoffelsalat dazu.

Wenn Sie vielleicht auf einer Münchner Speis'karte lesen: *Befflamott* oder auch *Biflamott* — dann ist immer der hier so beliebte Rinderbraten *Bœuf à la mode* gemeint, den die Münchner am liebsten mit Semmelknödeln essen.

Bœuf à la mode

1 kg Rindfleisch (Rose) · 50 g Speck · Salz · Pfeffer
1 EL Zucker · 40 g Fett · 2 EL Mehl · 1 Glas Rotwein
Zur Beize:
1 Tasse Weinessig · ¾ l Wasser · 1 gelbe Rübe
1 Zwiebel · 1 Stück Zitronenschale · 2 Nelken
2 Lorbeerblätter · 5–6 Pfefferkörner

Das gewaschene Fleisch wird mit Speckstreifen, die man in Salz und Pfeffer wendet, gespickt und in einen Steintopf gelegt. Wasser, Essig, die feingeschnittene Zwiebel und die in Scheiben geschnittene gelbe Rübe kocht man mit den Gewürzen auf und bedeckt das Fleisch mit dem lauwarmen Sud. In dieser Beize läßt man das Fleisch zugedeckt zwei bis drei Tage stehen, zwischendurch wird es öfter gewendet. Dann nimmt man es heraus, salzt es und kocht es in der Beize etwa zwei Stunden, bis es weich ist. Nun röstet man Mehl und Zucker dunkelbraun, gießt mit dem durchgeseihten Fleischsud unter ständigem Rühren auf, bis es schön sämig ist, läßt nochmals gut durchkochen und schmeckt die Sauce mit einem Glas Rotwein ab. Das Fleisch vor dem Servieren in Scheiben schneiden und die Sauce darübergießen.

Da, wo heute Leberkäs'- und Würstldüfte zur Brotzeit locken, stand früher die Münchner Hauptwache, und wo heute der Schenkkellner über Tausende von Bierbanzen gebietet, wachte einst der Gendarmeriehauptmann über Ordnung und Sicherheit der Münchnerstadt. Deshalb heißt der volle Name des Donisl noch heute: »Reale Bierwirtschaft zur alten Hauptwache.« Der Donisl ist eines der beliebtesten Münchner Frühlokale. Hier trifft man sich um fünf Uhr in der Früh nach durchtanzten Faschingsnächten, um sich bei einer Weißwurstbrotzeit neue Kräfte zu holen. Der Donisl bietet viele herzhafte, gute Altmünchner Spezialitäten, darunter der Rostbraten:

Pschorr-Gaststätte
Reale Bierwirtschaft zur alten Hauptwache
bayerischer Donisl

Rostbraten

Originalrezept des »Donisl« am Marienplatz

Pro Person wird eine Scheibe abgelagerter Rinderlende von ca. 160 g in heißem Fett beidseitig fast durchgebraten. Dann erst wird ein wenig gesalzen und gepfeffert. In Scheiben geschnittene Zwiebeln werden jetzt ebenfalls in die Pfanne gegeben und mitgebräunt. Der Rostbraten wird mit den Zwiebeln garniert, dazu gibt's Lyoner Kartoffel und gemischten Salat.

Schmor- oder Saftbraten

1 kg Rindfleisch (Rose oder Lendenstück)
2 gelbe Rüben · 2 Zwiebeln · 50 g Fett · 50 g Speck
⅛ l saurer Rahm · ¼ l Brühe · 1 Glas Rotwein
etwas Zitronensaft

Das Fleisch waschen, abhäuten und mit Salz und Pfeffer einreiben. In der Reine erhitzt man das Fett und gibt die in Scheiben geschnittenen Rüben und Zwiebeln, den kleingewürfelten Speck und das Fleisch dazu. Auf beiden Seiten schön braun anschmoren, wenig Brühe dazugießen und nochmals einschmoren lassen. Nun erst wird der Braten mit der restlichen Brühe weichgeschmort. Sollte die Sauce zu sehr einbraten, muß man Flüssigkeit nachgießen. Der Braten braucht ungefähr 2–2½ Stunden. Die Sauce passiert man durch ein Sieb, gibt den sauren Rahm, den Wein und etwas Zitronensaft dazu und schmeckt sie ab. Das Fleisch in Portionsscheiben schneiden und auf eine vorgewärmte Platte legen. Dazu gibt's Teigspatzen oder auch Salate.

Zwiebelfleisch, Münchner Art

750 g Suppenfleisch (siehe Seite 94), gekocht
250 g Zwiebeln · ⅜ l Fleischbrühe · ¼ l Rotwein
1 EL Mehl · 4 EL Butter · Salz · Pfeffer
nach Belieben etwas Zitronensaft

Zwiebeln in Ringe schneiden und in 3 EL Butter goldbraun werden lassen. Mit Mehl bestreuen, mit Fleischbrühe und Wein auffüllen und etwa 10 Minuten sieden lassen. Dann wird mit Salz, Pfeffer und etwas Zitronensaft abgeschmeckt. Das Fleisch wird in Portionsscheiben geschnitten, in 1 EL Butter angedünstet und mit der Sauce übergossen zu Tisch gegeben. Dazu passen Salzkartoffeln und gemischte Salate.

Das »Spatenhaus«, seit 1889 schon Theaterrestaurant und seit 1934 unter seinem Namen als Speisehaus mit Altmünchner Tradition bekannt, liegt gegenüber dem nach dem Kriege wiedererstandenen Nationaltheater und ist ein beliebter Treffpunkt der Theaterbesucher. Das bereits in Amerika bekannte Sauerbratenrezept des »Spatenhauses« gilt für fünf Personen:

Bayerischer Sauerbraten

Originalrezept der Gaststätte »Spatenhaus«

1 kg Sauerbratenfleisch
Beize aus ¼ l Essig · 1½ l Wasser
1 gelbe Rübe, 1 große Zwiebel, alles klein-geschnitten
1 Lorbeerblatt · 5 Wacholderbeeren
1 Zehe Knoblauch · 2 Nelken · 2 EL Salz
1 TL Paprika · 2 EL Tomatenmark
3 gehäufte EL Mehl

Das Fleisch für drei bis vier Tage in die Beize legen, dann herausnehmen, abtropfen lassen, in einem Topf mit heißem Fett von allen Seiten anbraten, Fleisch herausnehmen. Das Gemüse der Beize im gleichen Topf goldgelb anrösten, Paprika, Tomatenmark und Mehl hinzufügen, gut verrühren und mit der Beize auffüllen. Aufkochen lassen, den Sauerbraten hineingeben und etwa 2–2½ Stunden zugedeckt kochen lassen. Sauce passieren, nach Bedarf mit Salz und Worcestersauce abschmekken.
Als Beilage gibt's Reiberdatschi oder Teigwaren.

Zum Spöckmeier am Roseneck

Aus der behäbigen, altbekannten Gaststätte »Zum Spöckmeier«, berühmt für ihre Urmünchner Gastlichkeit, bringen wir ein Spezialrezept:

Hammelschäuferl mit Zwiebelsauce

Originalrezept vom »Spöckmeier am Roseneck«

Eine Hammelschulter (Schäuferl) wird vom Knochen befreit, gewaschen und in einem Topf, mit Wasser bedeckt, zum Kochen angesetzt. Nachdem man den ersten Schaum von der kochenden Brühe entfernt hat, würzt man diese mit Kümmel, Salz und Lorbeerblättern. Die Zubereitungsdauer beträgt etwa 2½ Stunden. Man hält die Flüssigkeit so kurz wie möglich und siebt sie, nachdem das Schäuferl weichgekocht ist, ab. Nun werden reichlich Zwiebeln geschnitten, die man in der Flüssigkeit noch etwa 10 Minuten mitkochen läßt. Die Sauce wird mit Kartoffelmehl leicht gebunden und mit süßem Rahm und etwas Butter vervollkommnet.

Osterkitzerl

1–1½ kg Kitz- oder Lammfleisch
100 g Fett · Salz · Pfeffer · Rosmarin
Zitronensaft · Knoblauch

Das gewaschene Fleisch mit Salz, Pfeffer, Knoblauch und Rosmarin würzen. Dann kommt es mit etwas Fett und Wasser in die Reine und wird im Rohr weichgebraten. Während des Bratens wird es mehrmals mit Butter bestrichen und mit etwas Wasser übergossen. Die Sauce kann man mit Zitronensaft abschmecken. Zum Osterbraten servieren Sie Butterkartoffeln mit Petersilie und Salate.

Blut- und Leberwürste

Vier mittelgroße Blut- und vier Leberwürste — im allgemeinen sind sie nur an Schlachttagen zu haben — entweder etwa 20 Minuten im heißen, nicht kochenden Wasser ziehen lassen oder in 40 g Fett auf beiden Seiten anbräunen (langsam, damit sie nicht platzen). Sie schmecken herrlich mit Sauerkraut und Kartoffelpüree oder Salzkartoffeln.

Fleischpflanzerl

600–750 g Hackfleisch (Schwein, Rind und Kalb gemischt)
1–2 altbackene Semmeln · 2 Eier · 1 Zwiebel · Salz
Pfeffer · Bratfett · Petersilie

Mit Pflanzen haben die Fleischpflanzerl, nördlich der Donau als Bouletten bekannt, nichts zu tun. Tatsächlich hießen sie früher Fleisch*pfanzerl,* und der Urahn dieses Wortes ist der Pfannzelten, ein runder, in der Pfanne gebackener Fladen oder Eierkuchen. Daß schließlich aus dem Fleisch-Pfannzelten ein Fleischpflanzerl wurde, soll uns nicht stören. Wir haben's ja beim Leberkäs gesehen, wohin die g'schlamperte Aussprache führen kann, wenn einmal die ursprüngliche Bedeutung eines Wortes vergessen ist.

Wir bereiten aus Fleisch und den Zutaten denselben Teig wie zum Hackbraten (siehe unten). Dann formt man die Pflanzerl rund und drückt sie flach, etwa daumendick, und brät sie in einer Stielpfanne auf beiden Seiten schön braun, langsam und bei nicht zu hoher Hitze, damit sie innen auch gar sind und außen nicht schwarz werden. Dazu ißt man gemischten Salat und bayerischen Kartoffelsalat.

Hackbraten

---
750 g Hackfleisch (Rind, Schwein und Kalb gemischt)
etwas Brühe · 1–2 Semmeln · 2 Eier · 1 Zwiebel · Salz
Pfeffer · 50 g Fett · Petersilie · etwas Tomatenmark · Rahm

Zuerst die Semmeln in kaltem Wasser einweichen, ausdrücken und in einer Schüssel mit dem Hackfleisch, der kleingehackten Zwiebel, den Eiern und der feingehackten Petersilie gut durch-

mischen und würzen. Aus dem Fleischteig formt man einen Wecken und legt ihn in die Bratreine mit zerlassener Butter, gießt eine Tasse Brühe daran, mit der man das Tomatenmark verrührt hat, und brät ihn eine Stunde im Rohr, bis er eine braune Kruste hat. Falls die Sauce zu sehr einbrät, nochmals Flüssigkeit nachgießen. Sauce abschmecken, mit Rahm verfeinern. Man kann den Hackbraten auch in Semmelbröseln wenden, bevor man ihn ins Rohr gibt.
Zum Hackbraten schmecken Gemüse ebenso gut wie Salate.

Gebackenes Lamm

1–1½ kg Lammfleisch · 1 Zwiebel · Salz

Pfeffer · Eier · Mehl · Semmelbrösel · Backfett

Das Lammfleisch wird gewaschen, in Portionsstücke geteilt und in kochendes Salzwasser gegeben. Nachdem es halb gar gekocht ist, nimmt man es aus dem Sud. Die abgetrockneten Stücke werden leicht gesalzen und gepfeffert, dann erst in Mehl, Eiern und Semmelbröseln paniert und in heißem Fett schön goldbraun gebacken.
Die Fleischstücke auf einer vorgewärmten Platte anrichten, mit Petersilie garnieren und Petersilienkartoffeln, grünen und Tomatensalat dazugeben.

Krautwickerl

1 Kopf Weißkraut · 50 g Speck · 30 g Fett · ¼–½ l Brühe
⅛ l saurer Rahm · evtl. 1 kleine Dose Tomatenmark
ZUR FÜLLE:
500 g Hackfleisch · 1 feingehackte Zwiebel · Salz
Pfeffer · 1 altbackene Semmel · Petersilie

Man löst vom Weißkraut 10–12 große Blätter, entfernt die Strunkteile, gibt die Blätter etwa 5–10 Minuten lang in kochendes Salzwasser und läßt sie auf einem Sieb abtropfen. Aus den Füllzutaten bereitet man einen Teig (wie bei Hackbraten, siehe Seite 102) und füllt davon in jedes Blatt je nach Größe 1–2 EL voll. Die Blätter werden eingerollt, mit starkem Zwirn umwickelt und festgesteckt. Jetzt wird in einem Topf das Fett heiß gemacht, der in Streifen geschnittene Speck und die Krautwickerl dazugegeben und diese von beiden Seiten gut angebraten. Dann füllt man mit ¼ l Brühe auf. Die Krautwickerl müssen etwa 1¼ Stunden dämpfen und zwischendurch immer wieder begossen werden. Zum Schluß schmeckt man die Sauce mit saurem Rahm und etwas Tomatenmark ab.

Blutwurstgröstl

750 g gekochte Kartoffeln · 3 Blutwürste
100 g Schweineschmalz · 1 Zwiebel · 1 TL Majoran
Salz · Pfeffer · Kümmel

Zunächst wird in einer Pfanne die kleingehackte Zwiebel in Fett angedünstet. Dann kommen die in Scheiben geschnittenen Kartoffeln, Salz, Pfeffer, Majoran und etwas Kümmel dazu. Jetzt erst wird die Blutwurstfülle untergemischt und alles noch einmal kurz gebraten.

Abgebräunter Leberkäs mit Spiegelei

4 fingerdicke Scheiben Leberkäs · 4 Eier · 80 g Fett

Der Leberkäs wird in heißem Fett auf beiden Seiten schön braun gebraten. In einer zweiten Pfanne brät man vier Spiegeleier. Auf einer Platte richtet man den Leberkäs an, setzt auf jede Scheibe ein Spiegelei und reicht verschiedene Salate dazu.

Hendl, Ganserl, Ant'n: Federvieh bayerisch

Ein altes bayerisches Sprichwort ist heute gewiß nicht mehr wahr: »Wenn a Bauer a Henn ißt, na is entweder d'Henn krank oder da Bauer.« Schon lang, bevor die Hähnchenwelle Deutschlands heimliche Hauptstadt erreichte, was das Wiesenhenderl, beim Oktoberfest zu Tausenden braun und knusprig am Drehspieß gebraten, zu einem Wahrzeichen Münchens geworden. Und von einer kleinen Hühnerbraterei in Münchens Amalienstraße aus, wo sich einst hungrige Studenten für wenig Geld an Hühnermägensuppe sattessen konnten, hatte Friedrich Jahn sein Hendl-Imperium gestartet. Kirchweihgans und Ant'n – Entenbraten – waren indes schon immer beliebte Münchner Sonn- und Festtagsbraten.

Brathendl

Für 2 Personen
1 Hendl · 100 g Butter · 1 Petersiliensträußchen
Salz · Pfeffer

Am besten kauft man sein Hendl fertig gerupft und ausgenommen. Tiefgefrorenes Geflügel langsam auftauen, keinesfalls in heißem Wasser. Man nimmt die Innereien heraus (sie können extra gebraten und auf Brot gegessen oder in einer Suppe gekocht werden), wäscht das Hendl, reibt es außen mit Salz, innen mit Salz und Pfeffer ein und gibt das gewaschene Petersiliensträußchen hinein. Dann kommt das Hendl entweder auf den Grill oder auf den Rost im Bratrohr. Es wird öfter mit Wasser begossen und mit Butter bepinselt und je nach Größe etwa eine Stunde gebraten, bis es knusprig braun ist. Dazu gibt's Butterkartoffeln oder Kartoffelsalat und verschiedene Salate je nach Jahreszeit.

Kirchweihganserl

Für 6–8 Personen

1 Gans · Salz · Pfeffer · 2 Zwiebeln · etwas Bier

Die sauber gerupfte, ausgenommene und gewaschene Gans wird außen mit Salz, innen mit Salz und Pfeffer eingerieben. Dann kommt das Ganserl ins Rohr, auf den Rost oder in eine große Reine. Man gibt zwei Schöpflöffel warmes Wasser und die geschälten, halbierten Zwiebeln in die Reine oder in die Auffangschale unter dem Rost. Nun brät man die Gans unter öfterem Begießen und Wenden langsam je nach Größe zwei bis drei Stunden, bis sie weich ist. Ist die Gans sehr fett, sticht man sie unter den Flügeln mit einer Gabel ein paarmal an. Die Sauce fettet man schon während des Bratens zwei- bis dreimal ab. Ganz zum Schluß wird die Gans noch mit etwas Bier übergossen, davon wird die Haut besonders rösch.
Die fertige Gans wird tranchiert, auf einer vorgewärmten Platte angerichtet und mit Kartoffelknödeln, Sellerie, Lauch und Rote-Rüben-Salat serviert. Die gut abgefettete Sauce schmeckt man ab und reicht sie extra.

Gefüllte Täuberl

4 Täubchen · 100 g Butter
ZUR FÜLLE:
100 g Hühnerleber · 2 Eier · 1–2 Semmeln
50 g gekochter Schinken · ½ Zwiebel · Salz · Pfeffer
Petersilie

Die sauber gerupften, ausgenommenen Täubchen werden gewaschen und mit Salz eingerieben. Dann bereitet man eine Fülle aus ein bis zwei in Milch eingeweichten, gut ausgedrückten Semmeln, zwei Eiern, gehackter Petersilie, Zwiebel und Schinken, Salz und Pfeffer und den geschabten Hühnerlebern. Man mischt locker durch, füllt die Täubchen, näht sie zu und gibt sie in eine Reine mit heißer Butter. Unter öfterem Umwenden, Bepinseln mit Butter und Begießen brät man sie etwa 45–60 Minuten. Sie müssen schön goldbraun werden.

Man tranchiert die fertigen Täubchen, indem man sie halbiert, richtet sie auf einer vorgewärmten Platte an und gießt etwas Bratensaft darüber. Der Rest wird aufgegossen und als Sauce serviert.

Petersilienkartoffeln und Salate schmecken gut dazu.

Gansjung

Gansjung oder Gänseklein (Kopf, Flügel, Hals, Füße, Magen, Herz und Leber)
2 EL Mehl · 100 g Fett · ⅛ l Essig · 1 Zwiebel
1 kleines Stück ungespritzte Zitronenschale · 2 Nelken
2 Lorbeerblätter · 4 Pfefferkörner · Salz

Das Gansjung sauber waschen. Der Kopf wird gespalten, der Schnabel abgehackt und die Augen entfernt. Vom Magen wird die dicke Haut abgezogen. Hals und Flügel hackt man in zwei Stücke, von den Füßen werden die Zehen abgehackt und die Füße in zwei Teile gespalten.

Das Gansjung wird nun in einen Topf gegeben, mit Wasser bedeckt und mit den Gewürzen, Salz, den geschälten, halbierten Zwiebeln und einem Glas Essig ca. 45–60 Minuten gekocht. Das Mehl röstet man braun an, gießt nach und nach mit dem durchgeseihten Gansjungsud auf, bis die Sauce schön sämig wird, schmeckt sie ab, gibt die Fleischteile wieder dazu und läßt das Gansjung weich kochen.

Dazu gehören Semmelknödel.

Bayerische Mastente

Für 2 Personen
1 Ente · Salz · Pfeffer

Die Ente brät man wie eine Gans (siehe Seite 108), nur ohne Zwiebeln. Wenn sie jung ist, braucht sie höchstens 1–1½ Stunden Bratzeit. Als Beilagen gibt es ebenfalls Kartoffelknödel, Sellerie und Rahnensalat (rote Rüben).

Hofbräuhaus am Platzl

»In München steht ein Hofbräuhaus!« Es ist das Wahrzeichen und die Attraktion der Millionenstadt, noch berühmter als die Frauentürme, und für viele, viele Menschen in aller Welt wahrscheinlich das einzige, was sie jemals über München gehört haben. Ein bayerischer Herzog, Wilhelm V., hat es 1589 gegründet, als es zu beschwerlich und zu teuer wurde, das für die Hofhaltung bestimmte »Ainpockisch« Bier aus Einbeck im Hannoverschen bis in die bayerische Hauptstadt zu transportieren. Im Frühjahr 1591 war der Bau fertiggestellt, und seitdem konnte der Hof mit Braunbier aus dem eigenen Brauhaus versorgt werden. Ab 1610 wurde das Bier auch an Gastwirte und Privatleute ausgeschenkt. Und dann wurde Elias Pichler Bräumeister, der eigentlich ein Denkmal verdient hätte! 1614 schenkte er das erste in München gebraute echte »Ainpockisch Bier«, also Starkbier aus, das alsobald, wie könnte es anders sein, großen Anklang fand. Bis 1818 war der »Einbock«, später kurzweg »Bock« genannt, ein Privileg des Hofbräuhauses. Münchens ältestes Starkbier wurde Anfang Mai ausgeschenkt und erhielt daher den Namen »Maibock«. Auch heute noch hält das inzwischen in staatliche Hände übergegangene Hofbräuhaus an der Maibock-Tradition fest. Seine heutige Gestalt hat das Hofbräuhaus am Platzl 1897 erhalten. Nach schweren Zerstörungen im Zweiten Weltkrieg wurde es originalgetreu wieder aufgebaut und bewirtet nun täglich Gäste aus aller Welt — und, vor allem in der berühmten »Schwemme«, seine Münchner Stammgäste.

Sein Küchenchef verriet uns ein wahrhaft »herzoglich-bayerisches« Rezept:

Hirschkeule, gespickt

Originalrezept aus dem
»Hofbräuhaus am Platzl«

1 kg Hirschkeule von nicht zu alten Tieren von den Häutchen säubern. Mit frischem Schweinespeck spicken und dann zwei bis drei Tage in sauren Rahm einlegen. In dieser Beize Wacholderbeeren, Pfefferkörner, Lorbeerblätter, etwas Thymian und einige Estragonblätter geben. In einer Bratreine Butter heiß werden lassen, das mit Salz und Pfeffer gewürzte Fleisch von beiden Seiten gut anbraten lassen. Zwiebeln, Petersilienwurzel, Sellerie, Lauch und Karotten in kleine Würfel schneiden, etwas Schinkenspeck dazugeben. Alles durchdünsten lassen, das Fleisch öfter mit dem Bratfond begießen und im eigenen Saft schmoren lassen. Nach einer guten halben Stunde nimmt man das Fleisch heraus, läßt den Bratensaft etwas einkochen, gibt Preiselbeeren, etwas süßen Senf, ein wenig Zitronenschale, hinein und läßt das Ganze gut durchrösten. Dann fügt man einige Eßlöffel Mehl dazu, vermengt es gut mit dem Bratensaft und gießt mit Wasser auf. Die Sauce einmal aufkochen lassen, das Fleisch wieder dazugeben und langsam gar ziehen lassen. Zum Schluß wird die Rahmbeize, aus der die Gewürze abgeseiht wurden, hinzugegeben und die Sauce, wenn erforderlich, noch einmal abgeschmeckt. Dazu serviert der Küchenchef des Hofbräuhauses Preiselbeeren und Eierspatzen.

Hofbräuhaus

Was der Jager hoamtragt: Wildbret

Wann oaner vom Oberland durch's Deutsche Jagdmuseum in Minga geht, na moant er gwiß Text und Melodie vom Jennerwein-Lied z'hörn. Der Oberlandler woaß nacher gar nimmer, ober net do liaber a Jager oder a Wildschütz worn war. Die Passion zur Jagerei, die steckt ihm halt no immer tief im Bluat und in die Knoch'n. An Bock vor die Flint'n und hinter die Gamserln her, nauf in d' Wand — des war a Leb'n!
Vielleicht gibt's deswegen in München heut die meisten Jagdscheininhaber von ganz Deutschland. Und die Münchnerinnen fangen auch schon an zum Jagern, dabei g'hörn's in d'Kuchel! Lerna solln's, wia ma an guaten Wildbretbraten richt', damit d' Mannsbilder, bal's zruckkemman von der Jagd, die richtige Unterlag kriagn, weil's sonst ihr eigens Jägerlatein net vertragn kennan — mit der klassischen Sprach ham's sowieso no nia, net amol im Gymnasi, was recht's zum anfangen g'wußt.
Also her mit die gspickten Hasenrücken, die zarten Rebhenderln, mit die saftigen Hirschkeulen, die reschen Schnepfen oder einer prächtigen Wildsau.

Wildsaubraten

1 kg Wildsaufleisch (am besten Schlegel)
200 g Butter · 1 Glas Rotwein · Salz · Pfeffer
ZUR BEIZE:
¼ l Wasser · ¼ l Essig · Wacholderbeeren
Pfefferkörner · 2–3 Nelken · Rosmarin

Die Schwarte des Fleisches wird würfelig eingeschnitten, das Fleisch gewaschen und zwei bis drei Tage in eine Beize aus Wasser, Essig und Gewürzen gelegt.

Dann nimmt man das Fleisch aus der Beize, trocknet es ab, reibt es mit Salz und Pfeffer ein, legt es in die vorgewärmte Reine, übergießt es mit heißer Butter und wendet es. Nun wird es im Rohr unter öfterem Begießen mit eigenem Saft und Fett und etwas Beize weichgebraten. Bratzeit etwa zwei Stunden. Die Sauce schmeckt man mit einem Glas Rotwein ab.

Zum Wildschweinbraten gibt es wieder Kartoffelknödel (die es in München gar nicht oft genug geben kann) und Salate oder aber auch Weinkraut.

Rehschlegel in Rahmsauce

1 Rehschlege, ca. 1 kg · 100 g Speck · 100 g Butter
¼ l saurer Rahm · 1 Glas Rotwein · 1 EL Mehl · Salz
Pfeffer · etwas Öl · 1 Prise Zucker

Den Rehschlegel waschen, häuten, abtrocknen, mit Öl, Salz und Pfeffer abreiben und eine Stunde liegen lassen.
Dann dünstet man den in kleine Streifen geschnittenen Speck glasig, gibt die Butter dazu und legt den Rehschlegel ins heiße Fett. Man brät ihn von beiden Seiten schön braun an, gießt ¼ l Wasser daran und läßt ihn bei mittlerer Hitze weich braten. Von Zeit zu Zeit begießt man ihn mit eigenem Saft und, falls die Sauce zu sehr einbrät, mit etwas warmem Wasser. Ist das Fleisch weich, gibt man das Mehlteiglein, den Rotwein und eine Prise Zucker an die Sauce, läßt kurz nachkochen und passiert sie durch ein Sieb. Dann erst den Rahm darunterziehen. Zum Rehschlegel in Rahmsauce servieren Sie Teigspatzen, Preiselbeeren und Blaukraut (Rotkraut).

Hasenrücken und -schlegel

1 gespickter Hasenrücken mit den Schlegeln
¼ l saurer Rahm · ½ TL Zucker · 100 g Speck
100 g Butter · 1 Glas Rotwein · Salz · Pfeffer

Der fertig gespickte Hasenrücken und die Schlegel werden gesalzen und mit etwas Pfeffer bestreut. Nun brät man in der Reine den in Streifen geschnittenen Speck glasig, gibt die Butter dazu, setzt den Hasen darauf, bepinselt ihn mit Butter und schiebt ihn ins vorgeheizte Rohr. Während des Bratens wird alles öfter mit eigenem Saft begossen, der Rücken soll außen schön braun und muß innen rosa und saftig werden, die Schlegel müssen durch sein und deshalb mindestens ½ Stunde länger braten. Ist der Hasenrücken fertig, löst man ihn in großen Scheiben vom Knochen und legt diese wieder zurück. An die Sauce kommt ein Glas Rotwein, der saure Rahm und etwas Zucker, man schmeckt sie ab und gibt sie passiert zu Tisch.

Zum Hasen servieren Sie Kartoffelbrei oder abgebräunte Teigspatzen, Blaukraut und Preiselbeeren.

Reh- oder Hasenragout

1–1½ kg Reh- oder Hasenfleisch · 100 g Fett
etwas Zitronensaft · Salz · Pfeffer · 3 EL Mehl
¼ l Brühe · 1 Glas Rotwein · 1 EL Johannisbeergelee
ZUR BEIZE:
¼ l Rotwein · ½ l Wasser · 2–3 Nelken
2 Lorbeerblätter · Salz · ¼ l Essig · 1 Zwiebel
3–4 Wacholderbeeren · 1 kleiner Zweig Rosmarin

Das Fleisch waschen, in Portionsstücke teilen und drei bis vier Tage in die Beize aus den oben genannten Zutaten legen. Dann legt man das Fleisch auf ein Sieb zum Abtropfen. – In einem großen Topf erhitzen Sie das Fett, wenden die Fleischstücke in Butter und braten sie im Fett von beiden Seiten gut an. Nun gießen Sie mit Brühe und etwas Beize auf. Das Fleisch muß etwa 1½ Stunden kochen, bis es weich ist. Die Sauce verfeinert man mit einem Glas Rotwein, Johannisbeergelee und etwas Zitronensaft, nach Bedarf salzen und pfeffern.

Zu Reh- oder Hasenragout gehören in München Semmelknödel.

Rehrücken

1 Rehrücken (1½–2 kg) · Salz · Pfeffer · 250 g Butter
Preiselbeeren · ¼ l saurer Rahm · evtl. etwas Wein
½ TL Zucker

Am besten kaufen Sie den Rehrücken fertig gespickt. Er wird mit Salz und Pfeffer bestreut und in Butter bei mittlerer Hitze im Rohr gebraten. Während des Bratens muß immer wieder mit der Butter begossen werden. Lassen Sie den Rehrücken nicht zu lange im Rohr, er wird sonst trocken. Ein junger Rehrücken braucht zwischen 40–50 Minuten. Vor dem Servieren lösen Sie ihn vorsichtig an beiden Seiten vom Knochen und schneiden etwa 1 cm dicke Scheiben, legen diese wieder zurück und servieren ihn so auf einer vorgewärmten Platte. Gießen Sie etwas von der Sauce, die mit Wein und Rahm verfeinert und abgeschmeckt wurde, über das Fleisch.

Als Beilagen gibt es Kartoffelpüree, Blaukraut (Rotkraut) und Preiselbeeren. Auch glacierte Maroni schmecken dazu besonders gut.

Rehbraten mit Reherl

1 Rehrücken oder -keule, Zutaten und Zubereitung wie voriges Rezept, nur etwas weniger Butter, dafür die Sauce mit ⅛ l saurem Rahm ablöschen
ca. 300 g Reherl (Pfifferlinge) · 40 g Butter
etwas Öl · Salz · Petersilie

Die Reherl werden geputzt, ganz kurz gewaschen und in kleine Scheiben geschnitten. In der Pfanne die Butter und ein wenig Öl zergehen lassen, die Reherl hineingeben, scharf anbraten und dann bei geschlossenem Deckel noch etwa 5 Minuten schmoren lassen, bis sie gar sind. Man umkränzt den Rehbraten mit den Reherln, die man mit gehackter Petersilie bestreut.

Reh- oder Hirschleber

500 g Reh- oder Hirschleber · 1 Zwiebel · 80 g Speck
1 Glas Rotwein · 1–2 EL Essig · Salz · Pfeffer

Die Leber wird zunächst eine gute Stunde in Milch gelegt, abgehäutet und in feine Scheibchen geschnitten. Dann dünstet man die Speckwürfel glasig, gibt die zerkleinerte Zwiebel und dann die Leber dazu. Man röstet alles zusammen 5 Minuten gut durch und löscht mit einem Glas Rotwein ab. Erst kurz vor dem Auftragen würzen! Die Wildleber muß man sofort servieren.

Nach einem Originalrezept, wie es der Hofkoch wahrscheinlich beim Jagdausflug für König Ludwig II. von Bayern zubereitet hat:

Gamsbraten

Der gut abgelagerte Gamsrücken kommt schön gespickt über Nacht in eine Beize (Scheiben von gelben Rüben, Porree, Sellerie, Zwiebel, ferner Wacholderbeeren, Pfeffer, Lorbeerblätter, Nelken und Wein oder verdünnter Weinessig). Anderntags wird er ganz einfach in der Reine gebraten und häufig begossen.

Wildhaschee

Bratenreste, ca. 500 g, von Hirsch, Reh oder Hasen
1 EL Mehl · etwas Zitronensaft
etwas ungespritzte, geriebene Zitronenschale
1 Zwiebel · ½ Glas Rotwein · 50 g Butter · Salz
Pfeffer · Wildknochenreste

Die Bratenreste werden mit einer Zwiebel und etwas Zitronenschale feingewiegt und in Butter angedünstet, mit etwas Mehl angestaubt, gut gewürzt und mit Rotwein und Zitronensaft verfeinert. Mit einer Brühe, die man aus den zerkleinerten Wildknochen gekocht hat, gießt man auf und läßt das Wildhaschee 20 bis 30 Minuten durchkochen.

Fasan, gebraten

Für 2 Personen
1 Fasan · 2 Scheiben Speck · etwas Brühe
150 g Butter · 1 Glas Sherry · Salz · Pfeffer · Preiselbeeren

Den gut gesäuberten Fasan reiben Sie innen und außen mit Salz und Pfeffer ein, dressieren ihn und binden die Speckscheiben mit einem Faden auf der Brust fest. Nun braten Sie ihn in heißer Butter auf allen Seiten gut an, gießen etwas Brühe daran und braten ihn im Rohr weich. Während des Bratens wenden und begießen Sie ihn ein paarmal, nehmen, kurz bevor er fertig ist, die Speckscheiben ab und lassen ihn auf dem Rücken liegend noch schön braun braten. Der Fasan braucht ungefähr eine Stunde, bis er fertig ist. An die Sauce gießt man ein Glas Sherry und schmeckt sie ab. Zum Fasan servieren Sie Weinkraut, Kartoffelbrei und Preiselbeeren.

Rebhuhn, gebraten

Für 1 Person
1 Rebhuhn · 50 g Butter · etwas Brühe
4 Scheiben Speck · Salz · Pfeffer

Die Zubereitungsart ist wie beim Fasan, nur brauchen Rebhühner höchstens eine dreiviertel Stunde, bis sie fertig sind. Zu Rebhühnern reichen Sie Blaukraut oder Weinkraut und Kartoffelbrei.

Wildente, gebraten

Für 2 Personen
1 Wildente · 60 g Butter · Salz · Pfeffer
Nelken · 2–3 Äpfel · 150 g Speck · etwas Brühe

Die vorbereitete Wildente wird sauber gewaschen, außen und innen mit Salz und Pfeffer eingerieben und mit Apfelstücken, die man mit etwas gestoßenen Nelken vermischt, gefüllt. Nun dünstet man in der Reine die Speckwürfel glasig, gibt die Ente mit der Butter dazu und brät sie von allen Seiten gut an, schiebt sie ins Rohr und läßt sie unter öfterem Wenden und Begießen mit eigenem Saft und wenig Brühe weich und braun braten. Bratzeit ungefähr 1–1½ Stunden.

Die Wildente wird auf einer vorgewärmten Platte angerichtet, mit etwas heller Sauce begossen und zu Blaukraut oder Weinkraut und Kartoffelpüree serviert.

Wildtauben

4 Wildtauben · 100 g Butter · 4 Scheiben Speck
Salz · Pfeffer · 1 Glas Sherry

Wildtauben bereitet man wie Fasan (siehe Seite 120). Sie schmekken am besten, wenn sie jung sind. Man rechnet ungefähr 25 bis 35 Minuten Bratzeit. Sie müssen schön knusprig braun sein.

Wildschweinkopf, gesotten

1 Wildschweinkopf
ZUM SUD:
½ l Weißwein · 1 l Wasser · 1 Tasse Essig
Salz · 3 Lorbeerblätter · Petersilie · 2 Zwiebeln
2 gelbe Rüben · 1 Stück Sellerie · Zitronenschale
4–5 Wacholderbeeren

Die Zunge herausschneiden, die Knochen auslösen, vom Rüssel die Haut los- aber nicht wegschneiden. Im Sud weich kochen, herausnehmen und mit Petersilie und Zitronenscheiben anrichten.

Bayrische Krautplatte mit Leberknödln und Würstl (Rezept Seite 77)

Schnepfen

4 Schnepfen · 100 g Butter · 4 Scheiben Speck

1 Glas Rotwein · Salz

Ende März bis Anfang April sind die Schnepfen am besten. Die gerupften, ausgenommenen und abgesengten Tiere wischt man innen und außen mit einem Tuch ab, salzt sie, dressiert sie, steckt den langen Schnabel vorn durch die Beine und bindet über die Brust eine Speckscheibe. Dann gibt man sie mit einem Stück Butter und einen Glas Rotwein in die Reine und brät sie unter fleißigem Begießen mit eigenem Saft ca. 20—30 Minuten im Rohr. Kurz bevor sie gar sind, wird die Speckscheibe entfernt, um die Brust noch schön braun werden zu lassen. Nun wird der Faden entfernt, die Schnepfen werden auf eine Platte gelegt und mit *Schnepfendreck* serviert.

Schnepfendreck

Eingeweide der Schnepfen · etwas ungespritzte Zitronenschale

50 g Butter · 4 Weißbrotscheiben · 1 Zwiebel

etwas Petersilie · Salz · Pfeffer

Die Eingeweide der Schnepfen, ohne Magen, Galle, unteren Darmteil, werden mit der Zwiebel, etwas Zitronenschale und Petersilie feingewiegt und in Butter ganz kurz gebraten, mit Salz und Pfeffer gewürzt, auf Weißbrotscheiben gestrichen und im Bratrohr einige Minuten überbacken.

Vier bayrische Eintöpf'

*Ist da Bissen net vergunnt,
druckt's an Magen weh und wund.*

Pichelsteiner

500–800 g Fleisch (Rind-, Schweine-, Hammelfleisch gemischt)
500 g Kartoffeln · 2 Stangen Lauch · 2 Petersilienwurzeln
Salz · Pfeffer · Petersilie · 2 große gelbe Rüben
1 kleine Sellerieknolle · 1 Zwiebel · 50 g Fett · ca. ¼ l Brühe

Das gewaschene Fleisch in Würfel schneiden. Grünzeug und Kartoffeln putzen bzw. schälen. Die Kartoffeln in größere, Sellerie und Petersilienwurzeln in kleinere Würfel schneiden. Lauch und gelbe Rüben in Scheiben schneiden. Nun dünstet man die feingehackte Zwiebel im Fett an und gibt schichtweise Fleisch, etwas Salz und Pfeffer, das Grünzeug und die Kartoffeln in den Topf, gießt die Brühe darüber und dämpft alles ungefähr eine Stunde, bis es gar ist. Nun erst mischt man den Eintopf durch. Man serviert ihn in einer vorgewärmten Gemüseterrine und streut gehackte Petersilie darüber.

Hammel und Bohnen, bayerisch

500 g Hammelfleisch · 3–4 große Kartoffeln
750–1000 g junge Brechbohnen · 50 g Fett
1 Büscherl Bohnenkraut · ca. ¼–½ l Brühe
1 Zwiebel · Salz · Pfeffer

Zuerst die Bohnen waschen und putzen, evtl. Fäden abziehen, die Enden abschneiden und in 4–5 cm große Stücke brechen. Das gewaschene Fleisch und die geschälten Kartoffeln in Würfel schneiden. Nun dünstet man das Fleisch zusammen mit der kleingehackten Zwiebel etwa 10 Minuten in Fett an, salzt und pfeffert. Hat es etwas Farbe angenommen, gibt man die Bohnen, das Bohnenkraut und die Kartoffeln dazu, gießt die Brühe daran und dämpft es weich. Vor dem Auftragen nimmt man das Bohnenkraut heraus und mischt den Eintopf gut durch.

Schweinefleischtopf

750 g Schweinefleisch ohne Knochen · 2–3 Stangen Lauch
4 gelbe Rüben · ½ Knolle Sellerie · 2 Zwiebeln · 4 Kartoffeln
Salz · Pfeffer · etwas Majoran · 1 Brühwürfel
50 g Fett oder Öl · gehackte Petersilie

Schweinefleisch in grobe Würfel schneiden, Gemüse putzen und in Scheiben bzw. kleine Würfel schneiden. Fett heiß werden lassen, Schweinefleisch würzen und kurz von allen Seiten anbraten. Gemüse und gut ¼ l Wasser, in dem man einen Brühwürfel aufgelöst hat, dazugeben und weich dämpfen. Abschmecken und mit gehackter Petersilie anrichten.

Wirsingeintopf

500 g Schweine- oder Rindfleisch
750–1000 g Wirsing · 2 Karotten · 50 g Fett
3–4 Kartoffeln · 1 Zwiebel · Salz · Pfeffer
Muskat · $1/4$–$1/2$ l Brühe

Der Wirsing wird gewaschen, die Rippen entfernt und die Blätter in kleine Stücke gerupft. Die geschälten Kartoffeln in Würfel und die gesäuberten gelben Rüben in dünne Scheibchen schneiden. Das Fleisch wäscht man, schneidet es in kleine Stücke, würzt es und dünstet es mit der kleingehackten Zwiebel und den gelben Rüben an. Dann gibt man den Wirsing, die Kartoffeln und die Brühe dazu und dämpft alles weich. Man muß den Eintopf ein- bis zweimal umschaufeln und falls die Flüssigkeit zu sehr eingekocht ist, etwas Brühe nachgießen.

Dieses Eintopfgericht schmeckt auch ausgezeichnet mit Weißkraut.

Steckerl- und andere Fisch'

Huchen und Forelle, Renken und Waller (Wels), Karpfen und Hecht, das ist nur ein kleines Angebot aus dem Reichtum der oberbayerischen Seen und Flüsse. Aber auch die Seefische Hering und sogar Makrele sind bei uns heimisch geworden — nämlich als

Steckerlfisch

Heringe oder Makrelen oder auch andere fettreiche kleine Fische werden gesäubert, eventuell geschuppt und gründlich gewaschen und nach 10 Minuten abgetrocknet. Den Grill vorheizen, den Rost mit Öl und die Fische mit Butter bepinseln. Dann werden sie gegrillt — am besten am Spieß. Erst zuletzt salzen und pfeffern. Steckerlfisch, rösch und duftend, gehört zum Oktoberfest und zur Auer Dult wie das Bier und die Brathendl!

Isarhuchen, gebacken

Isarhuchen · 1 Zitrone · Mehl · Salz
Pfeffer · Backfett

Der Isarhuchen, eine Münchner Delikatesse, ist von ausgezeichnetem Geschmack und kommt bei Münchnern noch vor der Forelle.
Der Huchen wird ausgenommen, geschuppt und gut gewaschen. Nachdem man ihn in Filets zerteilt hat, salzen und mit Zitronensaft beträufeln. Die Filets werden in Mehl gewendet und in heißem Fett auf beiden Seiten schön braun gebacken.

Wir haben für die Huchen-Rezepte keine Größen- oder Mengenangaben zum Fisch gemacht, weil die Huchen sehr unterschiedliche Größen erreichen können und erst ab 35 cm Länge zum Fischen freigegeben sind. Es geht sogar die Sage, einer habe einmal einen Huchen von zwei Metern Länge aus der Isar gezogen. Vielleicht stimmt's sogar nix g'wiß' woaß ma net!

Isarhuchen blau

Isarhuchen

Zum Sud:

2 EL Salz · 1 Tasse Essig

Fischgewürz (gibt es fertig abgepackt zu kaufen)

125 g zerlassene Butter

Der Huchen wird ausgenommen, geschuppt, gewaschen und gesalzen und je nach Größe in Stücke geteilt. Dann gibt man ihn in

den kochenden Sud und läßt ihn je nach Größe 15–20 Minuten ziehen.
Man reicht ihn mit Salzkartoffeln, zerlassener Butter und Salaten.

Waller, gebacken

1 kg Waller · Salz · Mehl · Fett zum Backen

Nachdem man den Waller sauber gewaschen, geschuppt und in Portionsstücke geteilt hat, salzt man ihn gut ein, wendet ihn in Mehl und bäckt ihn in heißem Fett goldbraun auf beiden Seiten. Dazu schmecken am besten verschiedene Salate, Butterkartoffeln oder Kartoffelsalat.

Waller im Wurzelsud

1 kg Waller · 150 g Butter · Salz
WURZELSUD:
1½ l Wasser · ½ Tasse Essig · 2 EL Salz
1 gelbe Rübe · 1 Stück Selleriewurzel · 1 große Zwiebel
2 Stangen Lauch · einige Petersilienwurzeln
2 Lorbeerblätter · einige Wacholderbeeren
4–5 weiße Pfefferkörner · etwas Thymian · evtl. 1 Tomate

Aus den gewaschenen, in Scheiben geschnittenen Gemüsen, Gewürzen und Wasser stellt man einen Sud her, den man 5 Minuten kochen läßt. Den Fisch vorsichtig hineinlegen und bei schwacher Hitze 20—30 Minuten ziehen lassen. Er darf keinesfalls kochen. Man serviert den Waller mit einem Teil des Sudes, gibt reichlich von dem mitgekochten Gemüse sowie zerlassene Butter darüber und serviert Salzkartoffeln dazu.

Karpfen, im Ofen gebraten

Aus einem alten Münchner Kochbuch

Der Karpfen wird wie zum Backen in Stücke geschnitten und mit Salz und Pfeffer bestäubt. Dann wird eine flache Kasserolle mit Butter bestrichen, zwei Lorbeerblätter hineingelegt, über dies die Karpfenstücke gelegt, dazu mit gutem saurem Rahm und Zitronensaft begossen, mit geriebenem Brode überstreut und so in der Bratröhre gebraten.

Karpfen, gebacken

1 kg Karpfen · Fett zum Backen

Salz · Mehl · 1 Zitrone

Der Karpfen wird geschuppt, gewaschen, der Kopf abgeschnitten und in Portionsstücke geteilt. Nachdem man diese gut eingesalzen hat, wendet man sie in Mehl und bäckt sie in heißem Fett schön goldbraun.
Zu gebackenem Karpfen servieren Sie Kartoffelsalat oder Butterkartoffeln und grünen und Tomatensalat. Nach Geschmack kann man die Stücke mit etwas Zitronensaft beträufeln.

Karpfen blau

1 Karpfen (ca. 1 kg) · 150 g Butter · Salz

Zum Sud:

siehe Isarhuchen (siehe Seite 129)

Karpfen muß man ganz vorsichtig unter fließendem Wasser ausnehmen, damit der Schleim nicht verletzt wird — sonst färbt sich die Haut nicht blau. Man bereitet einen Sud, läßt ihn kurz aufkochen, zieht ihn vom Herd und gibt den innen gesalzenen Karpfen hinein. Je nach Größe läßt man ihn 20–30 Minuten ziehen, am besten am Herdrand oder auf ganz klein gestelltem Gas- oder Elektroherd. Der Karpfen darf keinesfalls kochen, nur leicht ziehen! Auf einer vorgewärmten Platte mit etwas Petersilie anrichten und Salzkartoffeln, zerlassene Butter und Kopfsalat dazu auf den Tisch bringen.

Luftgeräucherte Forellen oder Renken

In München gibt es herrliche luftgeräucherte Forellen und Renken aus den bayerischen Seen und Flüssen zu kaufen. An den Ufern des Tegern- oder Schliersees kann man mitunter noch die offenen Holzstadel sehen, in denen die Fische reihenweise zum Trocknen aufgehängt sind. Sie eignen sich, filiert, auf einem Teller angerichtet und mit Zitronenscheiben garniert, vorzüglich als Vorspeise. Pro Person rechnet man eine Forelle, die Renken werden je nach Größe geteilt.

Forelle blau

4 Forellen · 150 g Butter · etwas Essig
ZUM SUD:
ca. 2–3 l Wasser · 2 EL Salz · Fischgewürz

Die Forellen nimmt man vorsichtig unter fließendem Wasser aus, der Schleim darf nicht verletzt werden.
Auf einen flachen Teller gibt man etwas Essig, wendet die innen gesalzenen Forellen kurz darin und gibt sie sogleich in den kochenden Sud. Den Topf zieht man vom Herd und läßt die Forellen je nach Größe 10–20 Minuten ziehen.
Man serviert sie auf einer Platte, angerichtet mit Petersilie und Zitronenscheiben, und reicht Salzkartoffeln, Kopfsalat und zerlassene Butter dazu.

Hecht, gebacken

1 Hecht (ca. 1 kg) · 50 g Mehl · 100 g Butter
50 g Speckstreifen · Salz · Bratfett

Der Hecht wird ausgenommen, geschuppt, gut gewaschen und gespickt.
Dann salzt man ihn innen und außen, wendet ihn in Mehl und brät ihn in heißem Fett auf beiden Seiten langsam schön goldbraun.
Dazu gibt's Salzkartoffeln, Kopfsalat und zerlassene Butter. Der beste Hecht kommt in Bayern aus dem Spitzingsee. Früher waren die Fischer vom Spitzingsee Hoflieferanten des bayerischen Königshauses.

Kurz nach Aschermittwoch beginnt in München die Starkbierzeit, die bis Josephi, am 19. März, dauert. Während dieser Wochen läßt man seinen Wagen besser zu Hause, denn die »Ator«-Biere, Salvator, Optimator und wie sie alle heißen, haben's in sich! Vor dem Löwenbräukeller steht dann ein nahezu drei Meter hoher Löwe, der mit durchdringendem Gebrüll und einen Maßkrug hebend, zum Triumphator, dem Starkbier der weltberühmten Löwenbrauerei, einlädt. Und weil's ja die Fastenzeit ist, verspeist man dazu die zartfleischigen Renken aus dem nahe gelegenen Starnberger See — eine Köstlichkeit und vor Jahrhunderten schon eine Leibspeise der bayerischen Herzöge!

Löwenbräukeller

Starnberger-See-Renke, Müllerin-Art

Originalrezept des »Löwenbräukellers«
am Stiglmaierplatz

Die Renken – man rechnet pro Person einen Fisch – werden gereinigt, geputzt, mit Zitronensaft, etwas Worcestersauce und Salz mariniert und dann in Mehl gewendet. In einer Pfanne läßt man Öl sehr heiß werden und dann die Renke langsam darin braten. Kurz vor Ende der Garzeit das Öl abgießen, Butter und zwei dünne, geschälte Zitronenscheiben auf den Fisch legen. So wird er bis zum endgültigen Garwerden sautiert, wie der Fachausdruck lautet. Vor dem Anrichten gibt man in den Fond feingehackte Petersilie. Dazu schmecken am besten Salzkartoffeln.

Renken, gebacken

4 Renken · 1 Zitrone · Mehl · Salz
Pfeffer · Backfett

Die Renken werden ausgenommen, geschuppt und gut gewaschen. Nachdem man sie etwas abgetrocknet hat, reibt man sie mit Salz ein und beträufelt sie mit Zitronensaft. Nun werden sie in Mehl gewendet und in heißem Fett auf beiden Seiten schön braun gebacken. Dazu geben Sie Salzkartoffeln und verschiedene Salate.

Heringssalat, Münchner Art

6 Heringsfilets · 1 Zwiebel · 1 gekochte rote Rübe
2—3 EL Essig · ⅛ l saurer Rahm · 1 süßsaure Gurke
1 Apfel · 2 gekochte Kartoffeln · 1 TL Zucker
Salz und Pfeffer nach Belieben

Der Hering ist zwar kein Münchner G'wachs, aber als Katerfrühstück für die Faschingszeit oder auch für eine zünftige Schwabinger Party — und Schwabing und der Fasching gehören schießlich ebenso untrennbar zu München wie die Wies'n — ist er sehr empfehlenswert und hat sich auch unter den Einheimischen, den Nicht-Zuag'roasten, schon viele Freunde erworben.

Die gut gewässerten Heringsfilets, die geschälten Kartoffeln, Apfel, rote Rübe und die süßsaure Gurke werden in kleine Würfel geschnitten und in eine Schüssel gegeben. Dann würzt man mit Essig, Zucker und Rahm, mischt alles gut durch, schmeckt den Heringssalat ab und läßt ihn vor dem Auftragen 1½—2 Stunden ziehen.

Knödl, Kartoffeln und Beilagen

Der oa Knödl fangt zum Siadn o
Und der ander siadt aa,
Schaut der oa Knödl den andern o,
Weil's der so schö ko.
Tua langsam, tua langsam,
Tua net a so gschwind,
Wia ma d'Knödl tuat macha
Dös woaß a jeds Kind.

Die echten Münchner Kartoffelknödel

1 kg große, rohe und 375 g gekochte Kartoffeln
Knödelbrot von 2 Semmeln · 1 Ei · ca. ¼ l Wasser
Salz · Pfeffer

Die rohen Kartoffeln werden geschält und durch ein Reibeisen in eine Schüssel mit etwas Wasser gerieben. Den Kartoffelteig drückt man in einem Tuch aus, gibt ihn in die Schüssel mit dem Knödelbrot und übergießt mit etwas heißem Wasser. Die gekochten Kartoffeln drückt man durch eine Presse, gibt sie mit dem Ei, Salz und etwas Pfeffer zu dem übrigen Teig und mischt alles gut durch. Mit angefeuchteten Händen formt man Knödel, legt sie in kochendes Wasser und läßt sie je nach Größe 25—35 Minuten leicht kochen und anschließend noch etwas ziehen. Wer's mag, kann die »echten« Münchner Knödel mit Semmelbröckerl füllen — ganz originalgetreu ist es nicht. Wenn man reine Kartoffelknödel haben möchte, läßt man das Knödelbrot fort und reduziert statt dessen die Flüssigkeitsmenge etwas.

Gekochte Kartoffelknödel mit Semmelbröckerl

1 kg am Vortag gekochte Kartoffeln
ca. 125 g Mehl · 2 Eier · 2 EL Butter
in Butter goldbraun geröstete Weißbrot- oder Semmelwürfel

Die geschälten, gestampften oder durchgepreßten Kartoffeln werden mit dem Mehl, den Eiern, der Butter und Salz in eine Schüssel gegeben und gut durchgemischt. Mit bemehlten Händen Knödel formen, in die Mitte je 2 Brotbröckerl geben, in kochendes Wasser geben, Hitze sofort drosseln und die Knödel ca. 15 Minuten gar ziehen — nicht mehr kochen! — lassen.
Wenn Ihnen die Knödel zuviel Arbeit machen, können Sie ohne Bedenken Knödel-Fertigmasse verwenden. Wenn Sie die Zubereitungsanleitung genau beachten, schmecken die Fertigknödel fast ganz genauso gut!

Schinkenknödel (Rezept Seite 142)

Semmelknödel

Knödelbrot von 10 Semmeln · 1 Zwiebel

40 g Fett · 3 Eier · Petersilie · ca. ¼ l Milch · Salz

Pfeffer · 1 EL Mehl

Die Semmelknödel sind sozusagen eine bayerische Nationalspeise, und ihre original Münchner Aussprache — Semmelknödeln ist durch den unsterblichen Komiker Karl Valentin weit über die weißblauen Grenzen hinaus bekannt geworden.
Falls Sie kein Knödelbrot bekommen, schneiden Sie zehn Semmeln vom Vortag in dünne Scheiben. Das Knödelbrot kommt in eine Schüssel und wird mit lauwarmer Milch übergossen; Eier dazuschlagen, Mehl darüberstreuen und würzen. Kleingehackte Zwiebel und Petersilie ganz kurz in Fett andünsten und dazugeben. Alles gut, aber nicht zu heftig durchmischen und den Teig stehenlassen. Nun formt man mit angefeuchteten Händen schöne runde Knödel und legt sie in das kochende Salzwasser. Sie müssen ganz leicht und locker sein.
Semmelknödel sind in leicht kochendem Wasser in 15 bis 20 Minuten, je nach Größe, fertig. Etwas ziehen lassen.

Schinkenknödel

(Foto Seite 141)

werden genauso zubereitet wie Semmelknödel, nur gibt man zu den oben aufgeführten Zutaten noch 100 g gekochten Schinken, den man in kleine Würfel schneidet.

Geröstete Knödel mit Ei

4–6 restliche Kartoffel- oder Semmelknödel

40 g Fett · 3 Eier · 3 EL Milch

feingeschnittener Schnittlauch

Das ist eine beliebte Münchner Resteverwertung: Die Knödel werden in Scheiben geschnitten, im heißen Fett geröstet und die mit Milch verquirlten Eier darübergegeben. So lange am Feuer lassen, bis das Ei gestockt ist. Mit Schnittlauch bestreut auftragen. Dazu gehört grüner Salat!

Kartoffelpüree

750–1000 g Kartoffeln · $1/4$–$1/2$ l Milch

50 g Butter · Salz

Die Kartoffeln werden geschält, geviertelt und in Salzwasser weichgekocht. Dann gießt man das Wasser ab und drückt die heißen Kartoffeln durch eine Presse. Die kochende Milch darübergießen, salzen und alles auf schwachem Feuer mit einem Stück Butter mit dem Schneebesen zu einem sämigen Brei verrühren.

Kartoffel- oder Fingernudeln

(Foto Seite 159)

---
750 g gekochte Kartoffeln · 80 g Mehl · 1 Ei
Muskat · Salz · Pfeffer · Petersilie · Backfett

Die ausgekühlten Kartoffeln werden durch ein Sieb gepreßt, mit Ei, Muskat, Salz, Pfeffer und Mehl vermengt und daraus fingerdicke Nudeln gerollt. In einer Stielpfanne in heißem Fett auf beiden Seiten schön knusprig braun braten und in gehackter Petersilie wälzen. Fingernudeln gibt's in München zum Sauerkraut.

Kartoffelschmarrn

750–1000 g gekochte Kartoffeln · 80 g Mehl · 1 Ei
1 Zwiebel · Salz · Pfeffer · Schweineschmalz zum Ausbacken

Die gekochten, abgekühlten Kartoffeln drückt man durch die Kartoffelpresse, gibt das Ei, Salz, Pfeffer und Mehl dazu und mischt es locker durch. Nun dünstet man die gehackte Zwiebel im Schweinefett an, gibt den Kartoffelteig dazu und läßt ihn etwas anbraten. Mit einer Backschaufel umwenden, zerkleinern und schön goldgelb rösten.

Kartoffelschmarrn und aufgewärmtes Sauerkraut sind ein Schmankerl!

Geröstete Kartoffeln mit Kümmel

500–750 g gekochte Kartoffeln · Salz · Pfeffer · Kümmel
1 Zwiebel · Backfett (Schweine- oder Gänseschmalz)

Die Kartoffeln schälen und in feine Scheiben schneiden. In einer Stielpfanne die gehackte Zwiebel im heißen Fett andünsten, die Kartoffeln dazugeben, würzen und mit Kümmel bestreuen. Etwas anbraten lassen und unter öfterem Wenden schön goldgelb und knusprig rösten.

Reiberdatschi
(Kartoffelpuffer)

1–1¼ kg rohe Kartoffeln · 1 Zwiebel · Salz
etwas Knoblauchpulver · 1 Ei · 3–4 EL Mehl · Backfett

Die Kartoffeln schälen und möglichst schnell reiben. Flüssigkeit ablaufen lassen. Die Zwiebel dazu reiben, mit Ei, Salz, Knoblauchpulver und Mehl gut verrühren. Der Teig muß dickflüssig sein. In einer Pfanne mit heißem Fett handtellergroße Datschi goldbraun und knusprig herausbacken. Dazu gibt's Sauerkraut oder Weißkrautsalat mit Speck. Wer die Kartoffeln nicht mehr selbst reiben will, kann auch fertigen Datschiteig verwenden.

Hausg'machter Nudelteig

2 Eier · 1 Eidotter · etwas Salz · ca. 125–150 g Mehl

Auf einem Brett knetet man aus Mehl, etwas Salz und Eiern einen glatten Teig, schneidet ihn in zwei bis drei Teile und läßt ihn dann zugedeckt ein bis zwei Stunden liegen. Dann rollt man den Teig ganz aus und legt ihn zum Trocknen auf frische Tücher. Beliebig breite Nudeln daraus schneiden.

Teigspatzen

500 g Mehl · 3–4 Eier · ¼ l Wasser oder Milch · Salz

Das Mehl mit den Zutaten zu einem zähen Teig verrühren und so lange schlagen, bis er Blasen wirft. Nun wird er in drei bis vier Portionen durch ein Spatzensieb in kochendes Salzwasser gerührt. Die »Doagspatzen« sind fertig, wenn sie schwimmen. Man nimmt sie mit einem Schaumlöffel heraus und spült sie in heißem klaren Wasser nach. In München werden sie gern noch in heißem Fett geröstet.

Topfennudeln

Zutaten und Zubereitung wie Kartoffelnudeln (siehe Seite 144), nur zu den 500 g Kartoffeln noch 250 g trockenen Topfen (Quark) verwenden.

»Heiße Maroni ...!«

Grieß-Knödel —
Mehlspeise à la Munich

Aus einem alten Kochbuch

In die gewöhnliche Masse der Knödel (siehe Grießnockerl, Seite 44) kommt noch etwas gekochtes und gehacktes Hühnerfleisch, viel Käse, meher Eier, und zwar diese in Dottern und das Weiße als Schnee. Man backt die Masse auf einem bestrichenen flachen Geschirr, sticht sie mit einem Ausstecher in runden Stücken aus oder schneidet sie beliebig, um die vielen Abfälle zu vermeiden. Wenn die gekochten Grießknödel in die Suppe gethan werden, so giebt man diese besonders dazu.

Kraut und Ruabn und andres G'müs

Bayernland hat die Freiheit,
Ißt Kraut mit Löffeln allezeit
All Tag zwei Kraut, macht ein Jahr fleißig
Siebenhundert Kraut, darzu dreißig.

(Hans Sachs)

Das Kraut, das in der Millionenstadt München verzehrt wird — und das ist nicht wenig, gehört es doch zu den ältesten und beliebtesten heimischen Gemüsen —, wird vor allem aus Ismaning, nordöstlich von München, herbeigeschafft. Große Wagen, hochbeladen mit Krautköpfen, rollen frühmorgens zur Großmarkthalle, und manche Hausfrau, die in Bogenhausen oder an einer Ausfahrtstraße wohnt, findet dann einen vom Wagen gerutschten Kopf direkt vor der Haustür. Aber spielen Sie in Ismaninger Wirtschaften ja nicht darauf an. Die Ismaninger hören das Wort

»Krautkopf«, mit dem sie selbst, aus rein praktischen Gründen natürlich, halt auch hin und wieder bezeichnet werden, gar nicht gern, und bei einer zünftigen oberbayerischen Wirtshausrauferei geht's hart her.

Bayerisches Kraut

1 Kopf (ca. 1 kg) Weißkraut · 40 g Schweineschmalz
½ Zwiebel · 1–2 EL Essig · 1 Apfel · 1 EL Zucker
1 Prise Salz und Pfeffer · 3–4 Tassen Brühe

Das Kraut wird geputzt und die Strünke entfernt, die Blätter fein gehobelt oder geschnitten. Der Zucker wird in heißem Fett gebräunt, die gehackte Zwiebel und der geschnittene, aber nicht geschälte Apfel dazugegeben und kurz angedünstet. Das Kraut dazugeben, würzen und mit Wasser oder Brühe auffüllen. 1 bis 1½ Stunden dünsten und mit Essig, wenn man will auch mit Weißwein, abschmecken.

Kümmelkraut

750–1000 g Weißkraut · 2 EL Mehl · ¼–½ l Brühe
40 g Fett · 1 EL Kümmel · Salz · Pfeffer

Vom Weißkraut werden die äußeren Blätter und die Strünke entfernt, dann wird es gehobelt oder in Streifen geschnitten. Nun gibt man das Kraut mit dem Fett und der Brühe in den Topf, streut Salz, etwas Pfeffer und Kümmel darüber und dämpft es weich. Mit etwas Mehl anstauben, nochmals kurz nachkochen und abschmecken, evtl. etwas Weißwein zugeben.

Sauerkraut

¾–1 kg Sauerkraut · 1 Zwiebel · ca. ½ l Wasser
1 EL Zucker · 50 g Schweinefett · nach Bedarf etwas Salz
1 rohe Kartoffel · 4–5 Wacholderbeeren
2 Lorbeerblätter · 4–5 Pfefferkörner · evtl. Kümmel
1 Stück geräuchertes Wammerl

Das Sauerkraut wird — falls es sehr sauer ist — einmal kurz gewaschen, dann kommt es mit sämtlichen Zutaten außer der Kartoffel in den Topf. Man läßt es ungefähr eine Stunde kochen, gibt die rohe geriebene Kartoffel dazu und läßt nochmals 10 Minuten leicht weiterkochen. Ein Stück geräuchertes Wammerl darf in keinem Münchner Sauerkrauttopf fehlen!

Sauerkraut mit Rübenkraut gemischt

500 g Sauerkraut · 250 g Rübenkraut · 1 Zwiebel
1 rohe Kartoffel · 50 g Schweinefett · 4–5 Wacholderbeeren
2 Lorbeerblätter · ¼–½ l Wasser

Zubereitung wie vorhergehendes Rezept.

Bayerische Krautkrapferl

---
500 g Sauerkraut · gut 500 g Mehl · 2 Eier
---
etwas Wasser · Fett · Salz

Das Sauerkraut roh in einer Omelettpfanne mit gut Fett hellgelb rösten, erkalten lassen. Aus Mehl, Eiern und etwas Wasser einen nicht zu festen Nudelteig herstellen, auswalken, das Kraut hineinbreiten, als Rolle wickeln und in 5 cm große Stücke schneiden. Dann in eine Omelettpfanne Fett, 2 cm Wasser und etwas Salz geben, die Krapferl hineinlegen (nicht stellen!), so daß die Nudelteigseite unten ist, und alles brutzeln lassen. Das Wasser kocht schnell ein, und es gibt auf der Unterseite braune Ramerln. Nun die Krapferl umdrehen, von Zeit zu Zeit Wasser nachgießen, Fett dazugeben und auf der zweiten Seite brutzeln lassen, bis sich auch da Ramerln gebildet haben. Zuletzt kann man die Pfanne zudecken, seitlich auf dem Ofen stehenlassen und nochmals 4 EL Wasser dazugeben, damit die Krapfen durch das Nachdämpfen recht saftig werden.
Zu den Krapfen gehört nichts; sie werden so gegessen.

Weinkraut mit Trauben

---
ca. 1 kg Sauerkraut · 250 g süße Regina-Trauben
---
40 g Fett · 1 Prise Salz · Weißwein oder Sekt · etwas Wasser

Die gewaschenen Trauben in den Topf geben, Sauerkraut, Fett und etwas Wasser dazu und etwa 40–50 Minuten dämpfen. Vor dem Auftragen abschmecken und den Wein oder Sekt darübergießen. Weinkraut schmeckt am besten zu Rebhühnern, Fasan oder Gänsebraten.

Feines Sauerkraut

Nach einem Rezept des Mundkochs
S. M. des Königs Maximilian II. von Bayern,
J. Rottenhöfer

Man röstet in einem Stück guten Braten- oder Suppenfett einen Eßlöffel voll feingeschnittener Zwiebeln gelb, gibt dann einen Suppenteller voll gutes Sauerkraut, wie auch zwei abgeschälte und feinblättrig geschnittene Äpfel dazu, gießt ein Glas weißen Wein und etwas Rindfleischjus dazu und dünstet es so auf Kohlenfeuer ein bis zwei Stunden. Wenn nun dasselbe weich und kurz ist, wird ganz wenig Mehl darübergestäubt und etwas guter Fond (Bratenjus) dazugegeben und noch eine Viertelstunde gedünstet. Schweinsrippchen, Bratwürste, geräucherte Schweinsbrust sind die gewöhnlichen Beilagen.

Flanken mit Kraut

---

500 g Mehl · 2 Eier · geröstete Zwiebeln · Semmelbrösel

Mehl, Eier und Milch zu einem festen Teig verkneten, auswalken, in 3 cm breite Streifen schneiden, die dann auf ca. 8 cm Länge gekürzt werden. In Salzwasser kochen, abschwenken, mit Röstzwiebeln, gerösteten Semmelbröseln und heißer Butter übergießen, alles mischen und heiß auf den Tisch bringen.

Blaukraut

750—1000 g Blaukraut (Rotkraut) · 1—2 Äpfel
1 Zwiebel · 3—4 EL Essig · ca. ¼ l Brühe · 50 g Fett
1 Glas Rotwein · 1 EL Zucker · 1 EL Mehl
2—3 Nelken · Salz · Pfeffer

Das Blaukraut wird halbiert, die äußeren Blätter und Strünke entfernt und kleingeschnitten oder gehobelt. Dann setzt man es mit der Brühe, den Gewürzen, Essig, Zucker und dem feingeriebenen Apfel zu und läßt es weich dämpfen. Nun stäubt man etwas Mehl daran, gießt den Rotwein dazu, läßt noch kurz nachkochen und schmeckt ab. Vor dem Servieren wird die Zwiebel aus dem Kraut genommen.

Meerrettich — Kren

1 dicke Stange Meerrettich · 2 EL Mehl · 50 g Fett
¼ l Brühe · 1 Tasse Rahm oder Milch · 1 TL Zucker · Salz

Den Meerrettich schälen und auf dem Reibeisen reiben, was meistens mit Tränen verbunden ist. Aus Butter und Mehl bereitet man eine ganz helle Schwitze, gießt mit Brühe auf und rührt sie schön sämig. Dann gibt man den Meerrettich dazu, würzt mit Salz und Zucker und läßt kurz aufkochen. Nach etwa 10 Minuten rührt man den Rahm darunter und läßt nochmals kurz nachkochen.

Der Meerrettich, der in München gegessen wird, kommt hauptsächlich aus der Oberpfalz, und die Krenweiberl in ihren bunten Trachten, mit ihren hohen Tragkörben, in denen sie auch noch Kräuter und Körner mit sich führen, sind ein altgewohntes Bild im Münchner Straßenleben.

Marienplatz

Wirsing

1 Kopf Wirsing (ca. 750–1000 g, der Wirsing soll zartgrün sein)
¼ l Brühe · 50 g Fett · 2 EL Mehl · Salz
Pfeffer · Muskatnuß

Den Wirsing vierteln, Strünke herausschneiden, gut waschen, in Salzwasser weich kochen und fein wiegen oder durch die Fleischmaschine drehen. Aus dem Fett und Mehl eine helle Schwitze machen, den Wirsing dazugeben, mit Brühe oder Wirsingsud aufgießen und gut durchkochen lassen — würzen und abschmekken.

Reherl in der Rahmsauce

1 kg Reherl (Pfifferlinge) · 1 Zwiebel · 1 Bund Petersilie
Salz · 50 g Fett · 1 EL Mehl · ⅛–¼ l saurer Rahm
etwas Zitronensaft

Die Reherl werden sauber geputzt, nur ganz kurz gewaschen und in ein Sieb zum Abtropfen gegeben. Kleingehackte Zwiebel in Fett andünsten, die Pilze dazugeben und ca. 10 Minuten dünsten. Man würzt mit Salz und Pfeffer, zieht den Rahm unter und bestreut mit gehackter Petersilie.
Zu Reherl in der Rahmsauce gehören auf jeden Fall Semmelknödel.

Gelbe Rüben

750 g gelbe Rüben · Petersilie · 1 EL Mehl · 50 g Fett
1 TL Zucker · Salz · ca. ¼ l Brühe

Kartoffel- oder Fingernudeln (Rezept Seite 144)

Zwetschgenrohrnudeln (Rezept Seite 175)

Die gelben Rüben waschen, schaben, halbieren und in feine Scheibchen schneiden. Dann im Fett etwas andünsten, mit Brühe aufgießen, Salz und Zucker drangeben und weich kochen. Am Schluß mit Mehl bestäuben, kurz nachkochen und vor dem Auftragen gehackte Petersilie darüberstreuen.

Geröstete Reherl mit Ei

1 kg Reherl (Pfifferlinge) · 1 Zwiebel · 2—3 Eier
100 g Fett · Petersilie · Salz · Pfeffer

Die geputzten, kurz gewaschenen Reherl werden in Salzwasser 15 Minuten gekocht und in ein Sieb zum Abtropfen gegeben. In einer Stielpfanne erhitzt man das Fett, gibt die kleingehackte Zwiebel und die Reherl dazu und röstet sie gut durch. Die Eier werden mit Salz und Pfeffer verrührt und über die Schwammerl gegeben. Nochmals kurz rösten und mit Petersilienkartoffeln und verschiedenen Salaten servieren.

Steinpilze

1 kg Steinpilze · 1 Zwiebel · ¼ l saurer Rahm · 50 g Fett
1 EL Mehl · Salz · etwas Zitronensaft · Petersilie

Die Steinpilze werden sauber geputzt und in Blättchen oder kleine Stücke geschnitten. Die gehackte Zwiebel im Fett anschwitzen, die gewaschenen Pilze dazugeben und höchstens 15 Minuten dünsten. Etwas Mehl darüberstäuben, mit Salz und Zitronensaft würzen, den Rahm und die kleingehackte Petersilie dazugeben und mit Semmelknödeln servieren.

Der g'mischte Salat

Salatsauce
(für Kopf-, Endivien-, Nissel- oder Feldsalat
und Brunnenkresse)

4—6 EL Öl · 3 EL Weinessig · Salz

Nach Belieben kann man die Salatsauce mit Senf, Kräutern, 1 Prise Zucker, Zitronensaft, Pfeffer, Mayonnaise oder 1 Schuß Maggi verfeinern.

Kopfsalat

---
2 Salatköpfe · Salatsauce

Die schlechten Blätter werden entfernt, große Blätter geteilt. Dann wird der Salat in kaltem Wasser sorgfältig gewaschen und zum Abtropfen in ein Sieb gegeben. Die Salatsauce bereitet man in einer Schüssel vor, der Salat wird erst unmittelbar vor dem Essen angemacht.

Andifi (Endiviensalat)

2 Stauden Endiviensalat · Salatsauce

Vom Salat wird das untere Ende abgeschnitten, die schönen Blätter werden aussortiert, in ½ cm breite Streifen geschnitten und in kaltem Wasser gut gewaschen. Dann läßt man sie in einem Sieb abtropfen. In einer Schüssel mischt man die Salatsauce und gibt den Salat kurz vor dem Auftragen darunter. Natürlich kann man die Salatblätter auch ganz lassen.

Brunnenkresse

Brunnenkresse · Salatsauce

Von der Brunnenkresse entfernt man die großen Stiele, wäscht sie in kaltem Wasser und läßt sie in einem Sieb abtropfen.
Angemacht wird sie kurz vor dem Auftragen mit obengenannter Salatsauce.

Nissel- oder Feldsalat

200 g Nisselsalat · Salatsauce · 1–2 Eier

Den Nisselsalat sorgfältig putzen, in kaltem Wasser waschen und abtropfen lassen. Salatsauce in einer Schüssel vorbereiten und vor dem Servieren mischen. Mit hartgekochten, in Scheiben geschnittenen Eiern garnieren.

Gurkensalat

1–2 Gurken, je nach Größe · Salatsauce

etwas Dill · evtl. saurer Rahm zur Salatsauce

Die Gurken werden geschält, nach Entfernung der bitteren Teile in Scheiben geschnitten und in die Salatsauce gegeben. Man mischt gut durch, läßt den Salat ein paar Minuten ziehen und bestreut ihn mit etwas kleingeschnittenem Dill. Bei ganz jungen Gurken läßt man die Schale daran.

Radi-Salat

2 mittelgroße Radi · Salatsauce

Die Radi waschen, schälen und fein hobeln oder schneiden. Zuerst einsalzen, etwas stehenlassen und dann mit den restlichen Saucenzutaten gut vermischen.

Tomatensalat

500 g Tomaten · 1 Salat · Salatsauce · etwas Petersilie

Die gewaschenen Tomaten werden in Scheiben geschnitten, mit gehackten Zwiebeln und etwas Petersilie bestreut, die fertige Salatsauce darübergegossen und kurz durchgemischt. Tomatensalat läßt sich sehr gut mit grünem Salat mischen.

Weißkrautsalat

1 kleiner Kopf Weißkraut · 50–80 g Speck

2–3 EL Essig · 2 EL Öl · Salz

Das Weißkraut halbieren, die äußeren Blätter und die dicken Strünke entfernen, fein hobeln oder schneiden. Einmal in Salzwasser aufkochen lassen und abgießen. Nun brät man die Speckwürfelchen hellbraun und gibt sie mit Essig, Salz, Öl und einer winzigen Prise Zucker über das Kraut und mischt alles gut durch. Der Krautsalat schmeckt am besten, wenn er noch warm ist.

Rote Rüben

3–4 rote Rüben · 3–4 EL Essig · 3 EL Öl

Salz · 1 Prise Zucker · Kümmel

Die roten Rahnen schälen und in Essigwasser weich kochen. Dann werden sie in dünne Scheiben geschnitten und wie Selleriesalat angemacht. Man streut Kümmel darüber und läßt den Salat vor dem Servieren einige Stunden ziehen.

Selleriesalat

1–3 Knollen Sellerie, je nach Größe · Salz

3 EL Öl · 2–3 EL Weinessig

Die Sellerieknollen waschen, schälen und in Salzwasser weich kochen. Dann schneidet man sie in Scheiben, gibt sie in eine Schüssel, bedeckt sie mit dem Sud und gibt Essig, Öl und Salz dazu. Durchziehen lassen!

Münchner Kartoffelsalat

750 g Kartoffeln · ⅛ l Fleischbrühe · 1 Zwiebel

2–3 EL Essig · 4 EL Öl · Salz · Pfeffer · Schnittlauch

Die Kartoffeln kochen, noch warm schälen und in Scheiben schneiden. Die kleingehackte Zwiebel, Essig, Öl, Salz und die heiße Fleischbrühe darübergeben und durchmischen.
Im Gegensatz zu anderen Städten darf in München der Kartoffelsalat ruhig ein bisserl »baazig« sein. Am besten schmeckt er noch warm. Mit kleingeschnittenem Schnittlauch bestreuen.

Münchner Kartoffelsalat mit Gurke

Zu den im vorigen Rezept aufgeführten Zutaten mischt man eine junge Gurke, die man in dünne Scheiben schneidet.
Kartoffelsalat läßt sich auch mit Endiviensalat mischen.

Blaukrautsalat

1 kleiner Kopf Blaukraut · 3–4 EL Essig
3 EL Öl · Salz · 1 TL Zucker

Blaukrautsalat wird genauso zubereitet wie Weißkrautsalat, nur läßt man den Speck weg.

Mehlspeisen, Schmalznudeln und andere süße Sachen

Die Schmalznudl-Bar
Von Siegfried Sommer

»Auszogne, Krapfen, Striezl und Spitznudln« steht an der kleinen Auslage der alten Küchelbäckerei, von den anspruchslosen Gästen, die sie besuchen, auch »Schmalznudl-Bar« genannt. Um 5 Uhr früh, wenn der Tag gerade in die graue Unterhose schlüpft, macht sie schon auf. Dann kommen als erste die Blumenfrauen und die Marktweiberl und wärmen sich die Finger an dem warmen Henkeltöpferl, bevor sie das Herzpumpersüpplein genüßlich schlürfen. »Des is a Kafezerl«, sagte die alte Sellerie-Walküre Rosalie Mühsam. »Des ist ma fei scho liaba wia a schlechts Gschäft.« Sie sieht in ihrer grobgestrickten Wolljacke aus wie eine nordische Heldenmutter, die ein Kettenhemd trägt.
Der Kaffee wird in der Schmalznudl-Bar noch in richtigen Haferln ausgeschenkt. Nicht in Schalen oder schwindsüchtigen Tasserln, sondern in an »Schapfa«, wie der Transportler Zapf sagen würde. Um 6 Uhr stellt die alte Bawett dann den großen eisernen Schmalztiegel auf. Der Teig ist schon gegangen, und jetzt zieht sie die ersten Nudln aus. Freilich nicht übers Knie, wie es die niederbayerischen Bäuerinnen einst gemacht haben sollen, sondern in der Luft, und jeder kann zuschauen dabei. Und auch sogar ins Haferl gucken, in dem reinstes Butterschmalz brutzelt. Früher hat die Bawett auch noch richtige roggene »Schuxen« und Kirchweih-

nudeln aus Sauerteig gebacken. Aber heute gibt es ja fast keine Liebhaber dieser Malzkaffee-Diskusse mehr. Schlenkernd mit dem Finger beißen übernächtige Taxifahrer oder abgelöste Wach- und Schließerer in die warme, goldbraune Pracht. Auch der Freibank-Aufseher kommt schnell herüber und leistet sich ein paar Striezerl. Der hat sogar sein eigenes Kaffeehaferl bei der alten Foagin stehen. »Zur Erinnerung an die heilige Firmung« besagt eine verblaßte Goldschrift darauf, und die Blumenfrau Gotthelf muß jedesmal still vor sich hin lächeln, wenn sie das liest, weil sie sich den Alten mit dem stoppeligen Truthahnhals einfach nicht als Matrosenanzugs-Firmling vorstellen kann.

Gegen Mittag zu wird es dann etwas stiller, und nachmittags kommt die blaue Stunde für die Bawett. Da sitzt sie dann neben der spanischen Wand und strickt ein Leiberl für das dritte Enkelkind. Auf Blau hat sie diesmal getippt. Wenn »Rosa« kommt,

muß sies halt im Schubladen aufheben. Denn noch ist lange nicht aller Tage Abend bei ihrem Schwiegersohn. Der ist ein fleißiger. Ein kleines Kammerkatzerl schnurrt um die Kamelhaarhausschuhe der alten Frau, und manchmal blitzt der eingewachsene güldene Witwenreif beim Stricken etwas auf, genauso wie die Erinnerung an ihren Josef selig. Die Stubenfliege Agnes dreht die vorletzte Runde um die buttergelbe Glühbirne, und vom tickenden Nußbaumregulator tropft die Gemütlichkeit und die alte Zeit herab.

Um die Dämmerung herum kommen ein paar alte Rentner und warten auf den Pensionisten Heini Himmelreich, der so schöne Schwindelgeschichten erzählen kann. »Der liagt schneller wia Trambahn fahrt!« kichern die Alten. Heute erzählt der Heini todernst, daß er schon eher gekommen wäre, aber über die Reichenbachbrücke sind gerade 36 Krokodile hinübergetrieben worden, und da hat er halt warten müssen, bis die vorbei waren. Es ist ein stiller Friede in dem alten Laderl. Einer von der seltenen kleinsten Sorte, der eigentlich schon lange ins historische Stadtmuseum gehörte. Und doch liegt auch ein leises Bangen in der Luft. Denn die Alten wissen es natürlich auch. Eines Tages wird die »Königin der Ausgezogenen« wohl selbst aus ihrer kleinen Schmankerlwerkstatt ausgezogen sein. Und statt der Schmalznudl-Bar ist eine Stehbar aus der kleinen Küchelbäckerei der Witwe Bawett Foag geworden. »Chez Babs« steht dann in sachlich greller Neonschrift vielleicht darüber.

Der fleischlose Freitag ist in Bayern unter den Augen der Geistlichkeit immer mit großer Gewissenhaftigkeit gehalten worden. Weil man aber zur Arbeit schließlich Saft und Kraft braucht, haben die Hausfrauen zu den Hauptmahlzeiten deftige Mehlspeisen auf den Tisch gestellt, damit die Mannsbilder auch satt werden konnten.

Viele Mehlspeisen verdanken wir Bayern unseren schwäbischen, fränkischen und vor allem österreichischen Nachbarn. Aber gerade von einer der beliebtesten, nämlich der Dampfnudel, wissen

wir es ganz genau, daß sie aus Bayern, vielleicht sogar aus München stammt. Eine bayerische Köchin war es nämlich, die Anno 1785 den Einfall hatte, die duftende Köstlichkeit in Wien feilzubieten. Ein Berichterstatter schrieb dazu: »... der Luftballon Montgolfiers vor drei Jahren hat viele Wiener nicht so in Aufregung versetzt wie die bairischen Dampfnudeln.«

Hefeteig

500 g Mehl · 1–2 Eier · 50 g Butter · 25 g Hefe
3 EL Zucker · ½ TL Salz · ca. ¼ l Milch

Die Hefe bröckelt man in ⅛ l lauwarme gezuckerte Milch (zum Vorteig oder Dampferl). Dann gibt man das Mehl in eine vorgewärmte Schüssel, macht in der Mitte eine Vertiefung, schüttet das Dampferl hinein, verrührt es mit etwas Mehl und läßt es gehen. Die Schüssel wird leicht warm in Herdnähe gestellt. Nach 20 Minuten ungefähr ist das Dampferl gegangen, dann gibt man die Eier, Salz, die zerlassene Butter und den Rest lauwarme Milch dazu, mengt alles gut durch und schlägt den Teig so lange, bis er sich von der Schüssel löst und Blasen wirft. Jetzt muß der Teig noch einmal gehen, man deckt ihn mit einem Tuch zu und stellt ihn wieder warm.

Diesen Hefeteig braucht man zu Dampf- und Rohrnudeln, Krapfen und Auszognen.

Das Dampfnudellied
Von Egon L. Frauenberger

Dampfnudeln ham'mer gestern g'habt
Dampfnudeln ham'mer heut.
Dampfnudeln ham'mer alle Tag
solang's uns g'freit.
Dampfnudeln in der Zwetschgensoß,
Dampfnudeln und a Kraut,
Dampfnudeln, ja wer de net mag,
Leut' der g'hört g'haut.

Dampfnudeln gibt's de ganze Woch'
Dampfnudeln Tag und Nacht.
Dampfnudeln gibt's bei uns
solang's d'Mutter macht.
Dampfnudeln und a Rehragout,
Dampfnudeln mit Kompott,
Dampfnudeln schmecken sakrisch guat,
sapperalott.

Dampfnudeln und a Kirschentauch,
Dampfnudeln und an Lauch,
Dampfnudeln und a Apfelmus,
dös gibt an Bauch.
Dampfnudeln gibt's zum Tee bei uns,
Dampfnudeln zum Kaffee,
Dampfnudeln mit Kartoffelschnitz,
da schreist' juchhe.

Dampfnudeln und a Bier dazu,
Dampfnudeln und an Saft.
Dampfnudeln und a Schweinshax'n,
dös gibt a Kraft.
Dampfnudeln und an Butter drauf,
Dampfnudeln und a Brat,
Dampfnudeln wenn's zum Essen gibt,
na is ois stad.

Dampfnudeln

Hefeteig nach Grundrezept · Fett · Milch

Das Gelingen der Dampfnudeln ist weitgehend von einem guten Topf abhängig. Der Topfboden soll möglichst dick sein, der Deckel muß dicht schließen.

In den Topf gibt man 2 cm hoch lauwarme Milch und das Fett, sticht mit einem bemehlten Eßlöffel Nudeln ab und setzt sie nebeneinander in die Milch. (Die Milch darf keinesfals die Nudeln bedecken!) Nun läßt man die Nudeln nochmals kurz gehen, dann läßt man sie bei schwacher Wärme etwa 30 Minuten kochen. Bei einem Gasherd legt man am besten eine Asbestplatte unter den Topf.

Der Deckel darf erst geöffnet werden, wenn die Dampfnudeln fertig sind.

Zu Dampfnudeln gibt es Vanillesauce, die man aus ¾ l Milch, Vanillepuddingpulver und Zucker bereitet.

Rohrnudeln

Hefeteig nach Grundrezept · 100 g Fett

In der Bratreine zerläßt man das Fett, sticht mit einem bemehlten Eßlöffel Nudeln ab, setzt sie ins lauwarme Fett und bepinselt sie öfter damit, läßt sie nochmals kurz gehen und bäckt sie im Rohr bei mittlerer Hitze etwa 40 Minuten.

Zwetschgenrohrnudeln

(Foto Seite 160)

Hefeteig nach Grundrezept

ca. 450 g Zwetschgenmus · 100 g Fett

In jede Rohrnudel kommen ein bis zwei Teelöffel Zwetschgenmus. Dann setzt man sie ins lauwarme Fett in die Reine, bepinselt sie mit Fett, läßt sie kurz gehen und bäckt sie ebenfalls etwa 40 Minuten bei mittlerer Hitze.

Rupfhauben

1½–2 l Milch · 500 g Mehl · 3 Eier · 1 große Prise Salz
5 g Hefe · ca. 50 g Butterschmalz · Zucker · Zimt

Aus Mehl, Eiern, etwas Salz und in Milch aufgelöster Hefe wird ein zarter Nudelteig gemacht, den man zu handtellergroßen Fladen auswalkt. In einem eisernen Topf mit gut schließendem Deckel erhitzt man etwa 2 cm hoch Milch (oder Rahm) mit einem großen Stück Butterschmalz, nimmt die Teigflecke mit drei Fingern in der Mitte hoch und stellt sie wie Hauben, also auf den Rändern stehend, schnell dicht nebeneinander in die heiße Milch. Wenn das Einlegen rasch geschieht und der Deckel bald draufkommt, werden die Rupfhauben schön locker, denn die heiße Luft treibt die Hauben hoch. Man brutzelt sie auf mittelgroßer Hitze, bis die Milch und die Unterseite goldbraun sind, etwa 20 Minuten. Wenn sie fertig sind, sticht man sie mit den Ramerln aus dem Topf und streut Zimt und Zucker darüber.

Dradiwixpfeiferl

Für 2 Personen:
300 g Mehl · 2 Eier · 1 EL Öl · 1 Prise Salz
½ l Milch · 30 g Butter

Mehl, Eier, Salz und Öl und je nach Bedarf etwas Milch zu einem Nudelteig verarbeiten. Aus diesem Teig werden regenwürmerförmige Pfeiferl gedreht. Die Milch mit Butter zum Kochen bringen und die Pfeiferl einlegen. Mehrmals umrühren und ca. 20 Minuten kochen lassen bei kleiner Flamme, bis die Milch sämig ist. Mit Kompott servieren.

Mehlschmarren oder Eierhaber (Rezept Seite 183)

Auszogne

Hefeteig nach Grundrezept

Butterschmalz zum Backen (ca. 1–1½ kg) · *Puderzucker*

Aus dem gegangenen Hefeteig formt man runde Küchlein, je nach Größe zwischen 12 und 15 Stück, legt sie auf ein mit Mehl bestäubtes Brett, deckt sie mit einer sauberen Serviette zu und läßt sie nochmals kurz gehen. Dann zieht man sie vorsichtig in der Mitte dünn, daß außen ein dicker Kranz entsteht, und gibt sie sofort ins heiße Fett. Sie müssen auf beiden Seiten braun und knusprig sein, bevor man sie mit einem Schaumlöffel herausnimmt. Die fertigen Nudeln, die in die Mitte eine helle Blase haben müssen, legt man auf ein Sieb zum Abtropfen und bestreut sie vor dem Servieren mit Puderzucker. Auszogne Nudeln sollen sofort gegessen werden, sie schmecken am besten ganz frisch. Immer nur so viele Nudeln ins Fett geben, daß sie gut schwimmen und das Fett heiß bleibt.

Strudelteig

⅛ l lauwarmes Wasser · *½ TL Salz* · *250 g Mehl*

1 Ei · *1 EL Öl*

Das Mehl gibt man auf ein großes Nudelbrett. Dann verquirlt man gut ⅛ l Wasser, Öl, 1 Ei und das Salz und gießt es nach und nach zum Mehl. Jetzt bereitet man einen nicht zu festen Teig, den man so lange abarbeitet, bis er Blasen wirft. 1 Stunde mit einer angewärmten Schüssel zugedeckt gehen lassen. Nun schneidet man zwei bis drei Teile, rollt sie auf einem bemehlten Tuch messerrückendick aus und zieht dann den Teig mit den Fingern ganz dünn aus.

Kirchweihnudeln

Hefeteig nach Grundrezept · 80 g Weinbeeren oder Sultaninen

Butterschmalz zum Ausbacken · Puderzucker

Den Hefeteig vorbereiten. Wenn er abgeschlagen ist, 80 g Weinbeeren oder Sultaninen dazugeben. Ist er dann gut gegangen, sticht man mit einem Eßlöffel Nudeln aus, die man auf einem mehlbestäubten Brett, mit einem Tuch gut zugedeckt, 15 Minuten gehen läßt. Mit einer Schere, die man ins heiße Butterschmalz taucht, schneidet man die Nudeln kreuzweise in der Mitte ein und bäckt sie auf beiden Seiten im schwimmenden heißen Fett braun. Zum Schluß werden die Nudeln mit Puderzucker bestreut.

Faschingskrapfen

Hefeteig nach Grundrezept · 1 Eiweiß · Aprikosenmarmelade

reichlich Fett zum Ausbacken (am besten Butterschmalz)

Puderzucker

Der gegangene Hefeteig wird auf einem gut bemehlten Brett ungefähr 1 cm dick ausgerollt. Dann nimmt man ein Glas mit etwa 6 cm Durchmesser, taucht es in Mehl und sticht damit Scheibchen aus. In die Mitte kommt ein halber Teelöffel Marmelade, der Rand wird mit Eiweiß bestrichen, die zweite Hälfte Teig daraufgegeben und leicht angedrückt. Die Krapfen läßt man nun noch mal kurz gehen, bevor man sie in schwimmendem heißen Fett auf beiden Seiten schön hellbraun bäckt. Die fertigen Krapfen kommen auf ein Sieb zum Abtropfen, man bestreut sie dann mit Puderzucker.

Apfelstrudel

Strudelteig nach Grundrezept · 8–10 Kochäpfel
¼ l saurer Rahm · 80 g Weinbeeren · 125 g Butter
100 g Zucker · ¼ l Milch

Der ausgezogene Strudelteig wird mit zerlassener Butter und dickem saurem Rahm bestrichen, darauf kommen die feingeschnittenen, gut mit Zucker bestreuten Äpfel und Weinbeeren. Den Strudel zusammenrollen und in eine Bratreine geben, in der man etwa 50 g Butter und etwas heiße Milch zerlassen hat. Je nach Größe der Bratreine setzt man zwei bis drei Strudel nebeneinander, bestreicht sie noch gut mit Butter und bäckt den Strudel im Rohr ungefähr 50 Minuten, bis er eine schöne, hellbraune Farbe hat.

Topfenstrudel

500 g Topfen (Quark) · 2 Eier · 80 g Weinbeeren
100 g Butter · Zucker nach Belieben
¼ l saurer Rahm · ¼ l Milch

Man rührt 60 g Butter schaumig, gibt die Eier, sauren Rahm, Zucker, den Topfen und die Weinbeeren dazu und rührt alles schön glatt. Dann verteilt man die Masse auf die Strudelblätter, streicht sie glatt, rollt die Blätter ein und setzt sie nebeneinander in die Bratreine, in der man vorher die Milch mit Butter erhitzt hat. Der Strudel wird mit Butter bestrichen und in ca. 45 Minuten schön braun gebacken.

Schneeballen

250 g Mehl · 80 g Butter · 1 EL Zucker · 1 Msp Salz

2 EL saurer Rahm · 3 Eidotter

Aus den Zutaten arbeitet man einen Knetteig und läßt ihn zugedeckt ungefähr eine Stunde stehen. Jetzt den Teig dünn (3 mm) rollen, runde Flecken ausstechen, in die man mit einem Teigrädchen fingerdicke Streifen macht.
Nun nimmt man den Stiel eines Kochlöffels, hebt jeden zweiten Streifen auf und hebt ihn in heißes schwimmendes Fett, bis er sich vom Stiel löst. Man läßt sie auf beiden Seiten goldbraun bakken und bestreut sie vor dem Servieren dick mit Puderzucker.

Kirschstrudel

Strudelteig nach Grundrezept · 750 g entkernte Kirschen

125 g Butter · Zucker · ¼ l saurer Rahm

3—4 EL Semmelbrösel

Die einzelnen Strudelblätter müssen gut mit zerlassener Butter und saurem Rahm bestrichen werden. Dann gibt man Kirschen, von den Stengeln gezupft, gewaschen und getrocknet, Zucker nach Geschmack, evtl. Semmelbrösel darauf, rollt die Blätter ein und legt sie nebeneinander in die gut mit Butter ausgestrichene Bratreine. Auf die Strudel setzt man noch Butterflöckchen und bäckt die Strudel ungefähr 50—60 Minuten im Bratrohr, bis sie schön goldbraun sind.

Strauben

Originalrezept aus einem alten
bayerischen Rezeptbuch

$1/8$ l Milch · *30 g Butter* · *90 g Mehl*

Staubzucker · *Backfett* · *2 Eidotter* · *2 Eier*

30 g Zucker · *1 EL Kirschwasser oder Rum*

1 Stück Zitronenschale · *1 Stück Zimt*

½ l Milch wird in einer Messingpfanne mit 30 g Butter, 30 g Zucker, einer Prise Salz, etwas Zitronenschale und ein Stück ganzen Zimts einige Minuten gekocht, dann Zimt und Zitronenschale herausgenommen und 90 g feinstes, gesiebtes Mehl auf einmal unter beständigem Umrühren dazugegeben und dieser Teig auf dem Feuer so lange gerührt, bis er sich vom Löffel und der Pfanne löst. Nun gibt man ihn in eine Schüssel, kühlt ihn etwas aus und rührt dann 2 ganze Eier und 1 oder 2 Dotter nach und nach nebst 1 EL Kirschwasser oder Rum dazu. Dieser Teig wird nun in eine Straubenspritze mit schmalem Stern gefüllt, nachdem man dieselbe schnell ins heiße Butterschmalz getaucht hat, dann steckt man den Stempel an und fährt, indem man ihn langsam eindrückt, in der Runde über der Schmalzpfanne, damit die hineinfallende Straube schneckenförmig zu liegen kommt und schüttelt die Pfanne, bis die Straube unten schön braun ist. Nun dreht man sie vorsichtig mit dem Backlöffel um und bäckt sie auf der anderen Seite, legt sie auf Löschpapier und gibt sie noch warm, gut mit Staubzucker bestreut, auf einer Platte zu Tisch.

Semmelnudeln

8–10 Eiweckerl vom Vortag · 2 EL Zucker · Zimt

1 l Milch · 2 Eier · 100 g Butter

Semmeln von allen Seiten leicht abreiben und in zwei Hälften teilen. In einer Schüssel Milch, Eier und Zucker verquirlen, die Semmelhälften hineinlegen, wenden und gut durchziehen lassen. Nun gibt man sie in die Reine mit zerlassener Butter, gießt den Rest Flüssigkeit dazu, setzt Butterflöckchen darauf und bäckt sie im Rohr, bis sie schön goldbraun sind.
Die fertigen Semmelnudeln werden auf einer vorgewärmten Platte angerichtet, mit Zimt und Zucker bestreut, dazu gibt es Kompott.

Apfelschmarrn

Zutaten und Zubereitung wie bei Mehlschmarrn, nur kommen zwei geschälte, in feine Scheibchen geschnittene Äpfel unter den Teig.

Mehlschmarrn oder Eierhaber

(Foto Seite 177)

200 g Mehl   ¼–⅜ l Milch · 4 Eier · 40 g Rosinen

1 Msp Salz · Puderzucker · Fett zum Ausbacken

Man rührt das Mehl mit der Milch glatt, gibt die Eier, die Rosinen und etwas Salz dazu und rührt den Teig nochmals gut durch. Der Teig wird auf 2- bis 3mal ins heiße Fett gegeben, auf beiden Seiten goldgelb gebacken und in kleine Stücke zerteilt, die man unter öfterem Wenden fertig bäckt. Der fertige Schmarrn wird im angeheizten Rohr warm gestellt. Vor dem Essen zuckern und mit Kompott servieren.

Hasenöhrl

---
250 g Mehl · 2 Eier · 2 EL saurer Rahm · 50 g Zucker
1 Msp Salz · 60 g Butter · 1 Msp Backpulver · Backfett

Zuerst rührt man die Butter mit den Eiern, Salz, Zucker und dem Rahm glatt und gibt dann das Mehl mit dem Backpulver dazu. Nun gibt man den Teig auf ein bemehltes Brett, walkt ihn dünn aus (2–3 mm) und rollt mit einem Teigrädchen ohrenähnliche Fleckchen aus. Diese werden in heißem, schwimmenden Fett schön braun gebacken und mit etwas Zucker bestreut.

Semmelschmarrn

8–10 Semmeln vom Vortag · ¼ l Milch
3–4 Eier · 2 EL Zucker

Semmeln halbieren, in dünne Scheiben schneiden und in eine Schüssel geben. Die Milch mit den Eiern und dem Zucker verquirlen, darübergießen und 20 Minuten stehenlassen. Fett in der Stielpfanne heiß werden lassen und die Semmelmasse in 2–3 Portionen schön goldgelb herausbacken. Der Semmelschmarrn muß in Stücke zerteilt und öfter umgeschaufelt werden. Man richtet ihn auf einer vorgewärmten Platte an, bestreut ihn mit Zucker und reicht Kompott dazu.

Hollerkücherl

10—12 schöne Holler-(Holunder-)Dolden

2—3 Eier · 200 g Mehl · ¼ l Milch · 1 Msp Salz

Zucker · Backfett

Die Hollerblüten werden vorsichtig gewaschen und auf ein Sieb zum Abtropfen gelegt.
Aus Mehl, Milch, Salz und den Eiern verrührt man einen Pfannkuchenteig, taucht die Hollerblüten hinein und bäckt sie im schwimmenden Fett schön goldbraun. Die Hollerkücherl mit Zucker bestreuen und sofort servieren.

Zwetschgenbavesen

6—8 altbackene Semmeln · 2 Eier · Semmelbrösel

½—¾ l Milch · Zwetschgenmarmelade

Zucker · Fett zum Ausbacken

Die Semmeln werden abgerieben, in dünne Scheiben geschnitten, 1 EL voll Zwetschgenmarmelade auf eine Scheibe gestrichen und diese mit einer anderen bedeckt. Sind alle Bavesen gefüllt, so taucht man sie in kalte Milch, läßt sie 15 Minuten stehen und wendet sie, damit sie gut durchweicht sind. Dann verquirlt man die Eier, wendet die Zwetschgenbavesen erst darin, dann in Semmelbröseln und bäckt sie in heißem Fett auf beiden Seiten schön hellbraun. Mit Zucker bestreuen und Kompott dazu reichen.

Grießauflauf

150 g feiner Grieß · ¼ l Milch · 4 Eier · 100 g Butter
80 g Zucker · abgeriebene ungespritzte Zitronenschale

Zunächst die Milch mit 80 g Butter aufkochen, dann den Grieß einlaufen lassen, unter Rühren zu einem dicken Brei verkochen und auskühlen lassen. Nun verrührt man die Eidotter, Zucker und die geriebene Zitronenschale, vermengt alles mit dem Grießbrei, hebt den geschlagenen Eischnee darunter, füllt es in eine gut gefettete Auflaufform und bäckt den Grießauflauf ca. 30—35 Minuten bei mittlerer Hitze.

Bayerische Haselnußcreme

90 g Haselnußkerne · ⅛ l Milch · 2 Eigelb · 80 g Zucker
Gelatine · 4 EL Schlagrahm

Die Haselnußkerne werden im Ofen angeröstet, bis sich die Häutchen lösen, und dann auf einem Drahtsieb abgerieben. Die weißen Kerne werden mit ganz wenig Milch zu einem Mus verrieben, mit der restlichen Milch zum Kochen gebracht. Eigelb und Zucker schaumig rühren und dazugeben, schlagen bis fast zum Kochen. Abkühlen lassen, Gelatine nach Vorschrift bereiten und darunterziehen, ebenso den Schlagrahm.

Zwetschgendatschi

(Foto Seite 195)

Hefeteig von 200 g Mehl nach Grundrezept
etwas Zucker · 1 kg Zwetschgen
evtl. Zucker zum Bestreuen · 200 g Sahne

Den leicht gesüßten und gut gegangenen Hefeteig rollen Sie möglichst dünn aus und geben ihn auf ein eingefettetes und bemehltes Kuchenblech. Auf den Teig legen Sie die gewaschenen und gut abgetropften halbierten und entsteinten Zwetschgen schuppenförmig dicht aneinander. Ganz leicht mit Zucker bestreuen und im Ofen ca. 30 Minuten backen. Vor dem Auftragen nach Belieben mit Zucker bestreuen und geschlagene Sahne zum Datschi reichen.

Apfelkücherl

4–5 große Äpfel · 200 g Mehl · 1 Msp Salz · 2–3 Eier
¼ l Milch · Zucker · Zimt · Fett zum Ausbacken

Aus Mehl, Milch, Salz und den Eiern rührt man einen glatten Pfannkuchenteig. Die Äpfel werden geschält und nach Entfernung des Kernhauses in Scheiben geschnitten. Die Apfelscheiben taucht man in den Teig und bäckt sie in heißem Fett auf beiden Seiten schön goldbraun.

Apfelkücherl mit Zucker und etwas Zimt bestreuen und noch warm essen.

Topfennudeln

500 g Topfen (Quark, am besten 20%igen) · 1 Prise Salz
1 Ei · 6 EL Mehl · Schmalz oder Backfett

Den Topfen gibt man auf ein Nudelbrett, vermischt ihn mit Salz, dem Ei und Mehl und knetet daraus einen nicht zu festen Teig. Davon werden fingergroße Rollen (Fingernudeln) abgestochen und ausgerollt und in rauchendheißem Fett schwimmend rasch von allen Seiten goldgelb gebacken. Sie werden warm gegessen — entweder mit Zimtzucker bestreut oder zu Kompott oder auch, etwas stärker gesalzen, als Beilage zu Gemüse oder Salat.

Oberbayerischer Berghüttenschmarrn
— wie er in der Mathäser-Bierstadt serviert wird —

100 g Mehl rühren Sie mit einer Prise Salz und Milch zu einem dicken Brei an, rühren 3 bis 4 Eier dazu und geben den Teig in eine Stielpfanne mit reichlich heißer Butter. Nun lassen Sie den Schmarrn ausbacken, zerzupfen ihn dann mit einer Pfannschaufel in kleine Stücke, lassen fertig backen und geben ihn heiß, mit Zucker bestreut und mit Zwetschgenmus als Beilage zu Tisch.

Grießschnitten

1 l Milch · 200 g Grieß · 50 g Fett · 5 Eier · 4 EL Zucker
1 Msp Salz · abgeriebene ungespritzte Zitronenschale
Zimt · Fett zum Backen
2 Eigelb und Semmelbrösel zum Panieren

Aus der Milch und dem Grieß kocht man einen glatten, dicken Brei, rührt Fett, Salz, Zucker, Zitronenschale, und die Eigelb darunter. Die Eiweiß schlägt man zu Schnee und hebt sie unter den Brei. Die Masse wird dann 3 cm dick auf ein nasses Brett gegeben und mit einem angefeuchteten Messer glattgestrichen. Wenn der Teig erkaltet ist, schneidet man rechteckige Schnitten ab, wendet sie in Ei und Semmelbröseln und bäckt sie in heißem Fett goldbraun. Mit Zimt bestreuen.
Dazu gibt es Kompott oder Himbeersaft.

Pfannkuchen

200 g Mehl · 4 Eier · ⅛–¼ l Milch · 1 Msp Salz
Fett zum Backen · Zucker

Bayrische Pfannkuchen haben mit den Berliner Pfannkuchen nichts zu tun! Die Berliner heißen hierzulande Krapfen. Und unter Pfannkuchen versteht man in München wie in ganz Bayern Eierkuchen.
Aus Mehl, Milch, Salz und den Eiern rührt man einen glatten Teig. In einer Stielpfanne bäckt man in heißem Fett dünne Pfannkuchen auf beiden Seiten goldgelb.
Man kann sie nach Belieben mit Zucker bestreuen oder mit Marmelade füllen, einrollen und mit Kompott servieren.

Bavaria

Kleines Münchner Speiskarten-Wörterbuch

abfiesln — abnagen (z. B. die Boandl vom Hendl)
Ananas — Erdbeere
Andifi — Endivie, Endiviesalat
Antn — Ente
Auszogne — Schmalzgebäck
auszuzln — aussaugen, herausziehen (siehe auch unter dem Kapitel »Rund um die Weißwurst«)
bacha — backen, gebacken
Backstoakas — Backsteinkäse (Limburger oder Romadur)
Bavesn — Mit Zwetschgen oder Marmelade gefüllte Mehlspeise aus altbackenen Semmeln
Banzn — Bierfaß
Boazn — Kneipe
boazn — beizen
Bratl — Braten
Brennsuppn — Einbrennsuppe (Suppe mit dunkler Mehlschwitze)
Brotzeit — Vespermahlzeit, auch die Eßwaren, die man zur Brotzeit ißt
Dampfl — Sauerteig, Vorteig für den Hefeteig
Datschi — Blechkuchen
Doag — Teig
Dotschn — Kohlrübe
Einbrenn — Mehlschwitze
Eiweckerl — Milchbrötchen

Erdäpfel — Kartoffeln
Facke, Facki, Fackl — Ferkel
Foam — Schaum
Gansjung — Gänseklein
Gickl — Hahn
Gmias — Gemüse
Greste, Gröste — geröstete Kartoffeln
Grimmiteigsuppn — geriebene Teigsuppe
Gschwollene — Wollwurst
Gselchts — Geräuchertes
Guatl, Gutsl — Bonbon
Guglhupf — Napfkuchen
Haferl — kleiner Topf
Haxn, der — Bein
Hendl — Hühnchen
Hoibe, die — ein halber Liter Bier
Kaiwi — Kälbchen
Kas — Käse
Keferloher — Maßkrug ohne Deckel (nach dem in Keferloh bei München abgehaltenen Markt)
Kiacherl — Kücherl, vor allem Schmalzgebäck
Knödeln — Klöße
Kocherl — Köchin
Kracherl — Sprudel, Limonade
Krapfa, Krapfn — Berliner Pfannkuchen
Kreutl, Kreitl — Küchenkräuter
Kren — Meerrettich
Kriachn, Kriacherl — kleine Pflaumenart
Leberkäs, Leberkas — Fleischkäse
Leoni — Lyoner Fleischwurst
Lungl, Lüngerl — Lunge
Maß, die — ein Liter (Bier)
Mauerloabi — Brötchen aus Roggenmehl
Milli, Muich — Milch
neibacha — frischgebacken

Nockn, Nockerl — kleine, mit dem Messer oder Löffel abgestochene Klöße als Suppeneinlage
Oa — Ei
Obatzta — angemachter Käse
Petersil, Peterl, der — Petersilie
Pfannkuchen — Eierkuchen
Pfundweckerl — 500-g-Brot
Preßsack — Schwartenmagen
Radi — Rettich
Radl — eine Scheibe (Wurst, Rettich usw.)
Radlermaß — Mischgetränk, halb Bier, halb Limonade
Rana, Rahnen — rote Rüben
Raschperl — längliches Brötchen
Reherl — Pfifferling(e)
Reindl, Reine — längliche Bratpfanne
Riemische, Remische, Römische — Roggenbrötchen mit Kümmel
Ringlo — Reineclaude
Ruabn, Ruam — Rübe
Scherzl — Brotanschnitt bzw. -ende
Schmankerl — Leckerbissen
Schmarrn — zerzupfter Eierteigfladen
Schwammerl — Pilz(e)
Spofackl — Spanferkel
Steckerlfisch — am Holzspieß gebratener Fisch
Straubn — Schmalzgebäck
Surhaxl — gepökeltes Eisbein
Topfen — Quark
Trumm, Mz. *Trümmer* — Stück, a Trumm Brot, ein großes Stück Brot
Wammerl — Schweinebauch
Weinbeerl — Korinthe
Weiße, die — Weißbier, Weizenbier
Woaz, der — Weizen
zaach — zäh
zammessn — aufessen

... denken Sie außerdem daran, daß man hierzulande *der* Butter, *das* Teller und *das* Monat sagt. — Und schnell noch ein paar kleine Winke für Münchenreisende: Wenn Sie nicht als »Preiß« erkannt werden wollen, sagen Sie in Geschäften nicht »Guten Tag«, sondern »Grüß Gott«, gute Freunde werden mit »Pfüadt di'« oder »Pfüad euch« — behüt dich Gott, behüt euch Gott — begrüßt. Fragen Sie nie nach dem Karlsplatz sondern nach dem Stachus (so genannt nach einem Wirt mit Namen Stachus — Abkürzung von Eustachius — dessen Wirtschaft vor langer Zeit dort stand, wo sich jetzt Europas verkehrsreichster Platz ausbreitet). Wenn Sie beim Autofahren durch München, was zugegebenermaßen kein reines Vergnügen bedeutet, einmal mit einem Einheimischen »zusammenrempeln«, dann geraten Sie nicht gleich aus dem Häuschen, wenn er Sie mit »Bleder Hund«, »Depp« oder »gscherter Rammi« tituliert. Einmal ist es bayerische Art, sich bilderreich und kräftig auszudrücken — man meint's deshalb nicht allzu böse; außerdem würden Sie vor dem Richter nicht mit einer Beleidigungsklage durchkommen, da bereits mehrere bayerische Grundsatzurteile festgestellt haben, daß derlei spontane Äußerungen aus dem Munde eines Altbayern nicht als Beleidigung anzusehen sind. Denn bei uns in München, da meint man's nicht so, da gilt seit jeher das Lied:

> Solang' der alte Peter
> am Petersbergl steht,
> solang' die grüne Isar
> durch's Münchner Stadtl geht,
> solang' da drunt am Platzl
> noch steht das Hofbräuhaus,
> solang' stirbt die Gemütlichkeit
> in München niemals aus!

Zwetschgendatschi (Rezept Seite 187)

Lisl-Karlstadt-Brunnen

Gaststätten, Bierkeller und Biergärten mit Münchner Speis'karte

Augustiner-Großgaststätten, Neuhauser Str. 16
Augustiner-Biergarten, Arnulfstr. 52
Aumeister (mit Biergarten), Sondermeierstr. 1 am Englischen Garten
Bögner im Tal, Tal 72
Bratwurstglöckl am Dom, Frauenplatz 9
Bürgerbräukeller, Rosenheimer Str. 29
Donisl (Reale Bierwirtschaft zur alten Hauptwache), Weinstr. 1
Franziskaner und Fuchsenstuben, Perusastr. 5
Hackerkeller, Theresienhöhe 34
Haxnbauer am Platzl, Eingang Sparkassen- und Münzstraße
Hirschgarten (Biergarten), Hirschgartenstr. 1
Hofbräuhaus, Am Platzl 9
Hofbräukeller (mit Biergarten), Innere Wiener Str. 19
Löwenbräukeller (mit Garten), Nymphenburger Str. 2 (am Stiglmaierplatz)
Mathäser-Bierstadt (mit Garten), Bayerstr. 3–5
Metzgerwirt (mit Garten) bei Schloß Nymphenburg, Nördliche Auffahrtsallee 69
Petershof-Gaststätten, Marienplatz
Pschorrbräu-Bierhallen, Neuhauser Str. 11
Spatenhaus, Residenzstr. 12
Taxisgartne, Taxisstraße 12
Weisses Bräuhaus, Tal 10

Diese Liste erhebt keinen Anspruch auf Vollständigkeit.

Wir danken

dem *Bayerischen Hotel- und Gaststättenverband,* München, für die Überlassung einiger Rezepte, dem *Münchner Stadtanzeiger* für den Abdruck der Erzählung »Wie die Weißwurst entstanden ist«, *Herrn Karl Wanninger,* München, für die Überlassung der Geschichte »München und sein Bier«, der Firma *Effel Music, München,* für den Abdruck des »Dampfnudelliedes« (Text: E. L. Frauenberger), dem *Ilmgau-Verlag, Pfaffenhofen,* für die Benützung des Büchleins *Bayrisch von A—Z* bei der Zusammensetzung des »Münchner Speiskarten-Wörterbuches«, *Herrn Peter Schimanski,* dem Küchenmeister der *Zirbelstube* im Münchner *Hotel Eden-Wolff* für das Rezept der Wurzelsuppe, außerdem noch *Herrn Dr. Franz Xaver Breitenfellner,* München, für verschiedene wertvolle Hinweise.

Alphabetisches Register

A

Abgebräunter Leberkäs mit Spiegelei 105
Andifi 163
Apfelkücherl 187
Apfelschmarrn 183
Apfelstrudel 180
Aufgeschmalzene Brotsuppe 47
Auszogne 178

B

Beinfleisch 94
Berghüttenschmarrn, oberbayerischer 188
Biersuppe 46
Blaukraut 155
Blaukrautsalat 167
Blumenkohlsuppe 57
Blut- und Leberwürste 101
Blutwurstgröstl 104
Bœuf à la mode 94
Brathendl 107
Bratnockerlsuppe 45
Bratstrudelsuppe 45
Bries, geprelltes 31
Briesmilzwurst, Alt-Münchner 27
Briespflanzl mit Rahmsauce 66

Briessüpperl 52
Brotsuppe, aufgeschmalzene 47
Brunnenkresse 163

D

Dampfnudeln 174
Dradiwixpfeiferl 176

E

Eierhaber 183
Eingemachtes Kalbfleisch 87
Endiviensalat 163
Erdäpfelsuppe 56

F

Faschingskrapfen 179
Fasan, gebraten 120
Feldsalat 163
Fingernudeln 144
Flanken mit Kraut 154
Fleischpflanzerl 102
Fleischsuppe 43
Forelle blau 134
Forellen, luftgeräuchert 134

G

Gamsbraten 119
Gansjung 110
Gebackenes Lamm 103
Gefüllte Kalbsbrust 85
Gefülltes Kalbsnetz 64
Gefüllte Täuberl 109
Gekochte Kartoffelknödel mit Semmelbröckerl 140
Gelbe Rüben 158
Gemüse-Brotsuppe, altbayerische 48
Geprelltes Bries 31
Geriebene Teigsuppe 49
Geröstete Grießsuppe 47
Geröstete Kartoffeln mit Kümmel 145
Geröstete Knödel mit Ei 143
Geröstete Reherl mit Ei 161
Goassbratl 76
Grießauflauf 186
Grieß-Knödel 149
Grießnockerlsuppe 44
Grießschnitten 189
Grießsuppe, geröstete 47
Grimmiteigsuppn 49
G'schwollene mit Salat 29
Gurkensalat 164

H

Hackbraten 102
Hammelschäuferl mit Zwiebelsauce 100
Hammel und Bohnen, bayerisch 126
Haselnußcreme, bayerische 186
Hasenöhrl 184
Hasenragout 117
Hasenrücken und -schlegel 116
Hausg'machter Nudelteig 147

Hecht, gebacken 135
Hefeteig 172
Heringssalat, Münchner Art 138
Herzerl sauer 64
Hirnsuppe 50
Hirschkeule, gespickt 112
Hirschleber 119
Hollerkücherl 185

I

Isarhuchen blau 129
Isarhuchen, gebacken 129

K

Kalbfleisch, eingemachtes 87
Kalbsbries gedünstet 67
Kalbsbrust, gefüllt 85
Kalbshaxe, abgebräunt 82
Kalbshaxe, gebraten 82
Kalbsherz gedünstet 63
Kalbshirn gebacken 67
Kalbskopf gebacken 68
Kalbsnetz, gefülltes 64
Kalbsnierenbraten 86
Kalbsschäuferl Altmünchner Art 84
Kalbsschäuferl blau 86
Karfiolsuppe 57
Karpfen blau 132
Karpfen, gebacken 132
Karpfen, im Ofen gebraten 131
Kartoffelknödel, echte Münchner 139
Kartoffelknödel, gekochte, mit Semmelbröckerl 140
Kartoffelnudeln 144
Kartoffelpüree 143
Kartoffelpuffer 145

Kartoffelsalat, Münchner 166
Kartoffelsalat mit Gurke, Münchner 166
Kartoffelschmarrn 144
Kartoffelsuppe 56
Kirchweihganserl 108
Kirchweihnudeln 179
Kirschstrudel 181
Klachel-Suppe 56
Knödel, geröstete, mit Ei 143
Kopfsalat 162
Kräutersuppe 53
Kraut, bayerisches 151
Krautkrapferl, bayerische 153
Krautplatte, bayrische, mit Leberknödln und Würstl 77
Krautwickerl 104
Kren 155
Kreutlsuppe 55
Krenfleisch 26
Kümmelkraut 151

L

Lamm, gebacken 103
Leberauflauf 63
Leberbunkel 63
Leberkäs 23
Leberkäs, abgebräunt, mit Spiegelei 105
Leberknödlsuppe 44
Leber sauer 62
Leberspätzlesuppe 43
Lungenknopf 62

M

Mastente, bayerische 110
Meerrettich 155
Mehlschmarrn 183

Milzsuppe 49
Milzwurst in der Fleischsuppe 28
Münchner Wiesnbraten 74

N

Nierndln sauer 65
Nisselsalat 163
Nudelteig, hausgemachter 147

O

Obatzter mit Camembert 39
Ochsenmaulsalat 30
Ofenmutz 64
Original-Obatzter 38
Osterkitzerl 101

P

Panadlsuppe 51
Paradeisersuppe 50
Pfannkuchen 189
Pfannkuchensuppe 51
Pichelsteiner 125
Preßsack in Essig und Öl 29

R

Radi 25
Radi-Salat 164
Rebhuhn, gebraten 121
Rehbraten mit Reherl 118
Reherl in der Rahmsauce 158
Reherl, geröstet, mit Ei 161
Rehleber 119
Rehragout 117
Rehrücken 118
Rehschlegel in Rahmsauce 116
Reiberdatschi 145

Renken, gebacken 137
Renken, luftgeräuchert 134
Rindermark auf Schwarzbrot 28
Rindfleischsalat 30
Ripperl im Kraut 77
Rohrnudeln 175
Rollgerstlsuppe 48
Rostbraten 96
Rote Rüben 165
Rupfhauben 176

S

Saftbraten 97
Salatsauce 162
Sauerampfersuppe 58
Sauerbraten, bayerischer 99
Sauerkraut 152
Sauerkraut, fein 154
Sauerkraut mit Rübenkraut gemischt 152
Saures Lüngerl 61
Saures Schweinefleisch 78
Schinkenknödel 142
Schlachtschüssel, Münchner 78
Schmorbraten 97
Schneeballen 181
Schnepfen 124
Schnepfendreck 124
Schpofackl 79
Schwammerlsuppe 57
Schweinefleisch, saures 78
Schweinefleischtopf 126
Schweinernes im Kraut 75
Schweinsbraten 73
Schweinsbraten mit Kümmel 75
Schweinshaxe vom Spieß 70
Schweinshaxn 73
Schweinsknöcherlsulz 31
Schweinswürstl auf Kraut 29

Schweinszüngerl im Kraut 68
Selchfleischsuppe 46
Selleriesalat 166
Selleriesuppe 52
Semmelknödel 142
Semmelnudeln 183
Semmelschmarrn 184
Spanferkel 79, 80
Spanferkel gefüllt 79
Starnberger-See-Renke, Müllerin-Art 136
Steckerlfisch 128
Steinpilze 161
Strauben 182
Strudelteig 177
Suppenfleisch 94
Surhaxl im Kraut 76

T

Täuberl, gefüllt 109
Teigspatzen 147
Teigsuppe, geriebene 49
Tellerfleisch 26
Tellersulz 32
Tomatensalat 164
Topfennudeln 147, 188
Topfenstrudel 180

V

Voressen 60

W

Waller, gebacken 130
Waller im Wurzelsud 131
Weinkraut mit Trauben 153
Weißkrautsalat 165

Weißwürste, Münchner 21
Weißwurstsenf, Münchner 22
Wildente, gebraten 121
Wildhaschee 120
Wildsaubraten 125
Wildschweinkopf, gesotten 122
Wildtauben 122
Wirsing 158
Wirsingeintopf 127
Wollwürst' mit Salat 29

Wurstsalat 31
Wurzelsuppe 58

Z

Zwetschgenbavesen 185
Zwetschgendatschi 187
Zwetschgenrohrnudeln 175
Zwiebelfleisch, Münchner Art 98
Zwudlsuppe 49

Register nach Sachgruppen

BROTZEIT-SCHMANKERL

Bries, geprelltes 31
Briesmilzwurst, Alt-Münchner 27
Geprelltes Bries 31
G'schwollene mit Salat 29
Kronfleisch 26
Leberkäs 23
Milzwurst in der Fleischsuppe 28
Obatzter mit Camembert 39
Ochsenmaulsalat 30
Original-Obatzter 38
Preßsack in Essig und Öl 29
Radi 25
Rindermark auf Schwarzbrot 28
Rindfleischsalat 30
Schweinsknöcherlsulz 31
Schweinswürstl auf Kraut 29
Tellerfleisch 26
Tellersulz 32
Weißwürste, Münchner 21
Weißwurstsenf, Münchner 22
Wollwürst' mit Salat 29
Wurstsalat 31

SUPP'N

Aufgeschmalzene Brotsuppe 47
Biersuppe 46
Blumenkohlsuppe 57
Bratnockerlsuppe 45
Bratstrudelsuppe 45
Briessüpperl 52
Brotsuppe, aufgeschmalzene 47
Erdäpfelsuppe 56
Fleischsuppe 43
Gemüse-Brotsuppe, altbayerische 48
Geriebene Teigsuppe 49
Geröstete Grießsuppe 47
Grießnockerlsuppe 44
Grießsuppe, geröstete 47
Grimmiteigsuppn 49
Hirnsuppe 50
Karfiolsuppe 57
Kartoffelsuppe 56
Klachel-Suppe 56
Kräutersuppe 55
Kreutlsuppe 55
Leberknödlsuppe 44
Leberspätzlesuppe 43
Milzsuppe 49
Panadlsuppe 51
Paradeisersuppe 50
Pfannkuchensuppe 51
Rollgerstlsuppe 48
Sauerampfersuppe 58
Schwammerlsuppe 57
Selchfleischsuppe 46
Selleriesuppe 52
Teigsuppe, geriebene 49
Wurzelsuppe 58
Zwudlsuppe 49

INNEREIEN

Briespflanzl mit Rahmsauce 66
Gefülltes Kalbsnetz 64
Herzerl sauer 64
Kalbsbries gedünstet 67
Kalbsherz gedünstet 63
Kalbshirn gebacken 67
Kalbskopf gebacken 68
Kalbsnetz, gefüllt 64
Leberauflauf 63
Leberbunkel 63
Leber sauer 62
Lüngerl, saures 61
Lungenknopf 62
Nierndln sauer 65
Saures Lüngerl 61
Schweinszüngerl im Kraut 68
Voressen 60

FLEISCHERNES

Abgebräunter Leberkäs mit Spiegelei 105
Beinfleisch 94
Blut- und Leberwürste 101
Blutwurstgröstl 104
Bœuf à la mode 94
Eingemachtes Kalbfleisch 87
Fleischpflanzerl 102
Gebackenes Lamm 103
Gefüllte Kalbsbrust 85
Goassbratl 76
Hackbraten 102
Hammelschäuferl mit Zwiebelsauce 100
Kalbfleisch, eingemachtes 87
Kalbsbrust, gefüllt 85
Kalbshaxe, abgebräunt 82
Kalbshaxn, gebraten 82
Kalbsnierenbraten 86
Kalbsschäuferl, Altmünchner Art 84
Kalbsschäuferl blau 86
Krautplatte, bayrische, mit Leberknödln und Würstl 77
Krautwickerl 104
Lamm, gebacken 103
Leberkäs, abgebräunt, mit Spiegelei 105
Münchner Wiesnbraten 74
Osterkitzerl 101
Saftbraten 97
Sauerbraten, bayerischer 99
Saures Schweinefleisch 78
Schlachtschüssel, Münchner 78
Schmorbraten 97
Schpofackl 79
Schweinefleisch, saures 78
Schweinernes im Kraut 75
Schweinsbraten 73
Schweinsbraten mit Kümmel 75
Schweinshaxe vom Spieß 70
Schweinshaxn 73
Spanferkel 79, 80
Spanferkel gefüllt 79
Suppenfleisch 94
Surhaxl im Kraut 76
Ripperl im Kraut 77
Rostbraten 96
Zwiebelfleisch, Münchner Art 98

HENDL, GANSERL, ANT'N

Brathendl 107
Gansjung 110
Gefüllte Täuberl 109
Kirchweihganserl 108
Mastente, bayerische 110
Täuberl, gefüllt 109

WILDBRET

Fasan, gebraten 120
Gamsbraten 119
Hasenragout 117
Hasenrücken und -schlegel 116
Hirschkeule, gespickt 112
Hirschleber 119
Rebhuhn, gebraten 121
Rehbraten mit Reherl 118
Rehleber 119
Rehragout 117
Rehrücken 118
Rehschlegel in Rahmsauce 116
Schnepfen 124
Schnepfendreck 124
Wildente, gebraten 121
Wildhaschee 120
Wildsaubraten 115
Wildschweinkopf, gesotten 122
Wildtauben 122

EINTÖPF'

Hammel und Bohnen, bayerisch 126
Pichelsteiner 125
Schweinefleischtopf 126
Wirsingeintopf 127

FISCH

Forelle blau 134
Forellen, luftgeräuchert 134
Hecht, gebacken 135
Heringssalat, Münchner Art 138
Isarhuchen blau 129
Isarhuchen, gebacken 129
Karpfen blau 132
Karpfen, gebacken 132
Karpfen, im Ofen gebraten 131
Renke, gebacken 137
Renken, luftgeräuchert 134
Starnberger-See-Renke, Müllerin-Art 136
Steckerlfisch 128
Waller, gebacken 130
Waller im Wurzelsud 131

BEILAGEN

Fingernudeln 144
Gekochte Kartoffelknödel mit Semmelbröckerl 140
Geröstete Kartoffeln mit Kümmel 145
Geröstete Knödel mit Ei 143
Grieß-Knödel 149
Hausg'machter Nudelteig 147
Kartoffelknödel, echte Münchner 139
Kartoffelknödel, gekochte, mit Semmelbröckerl 140
Kartoffelnudeln 144
Kartoffelpüree 143
Kartoffelpuffer 145
Kartoffelschmarrn 144
Knödel, geröstete, mit Ei 143
Nudelteig, hausg'machter 147
Reiberdatschi 145
Schinkenknödel 142
Semmelknödel 142
Teigspatzen 147
Topfennudeln 147

G'MÜS

Blaukraut 155
Flanken mit Kraut 154
Gelbe Rüben 158
Geröstete Reherl mit Ei 161
Kraut, bayerisches 151

Krautkrapferl, bayerische 153
Kren 155
Kümmelkraut 151
Meerrettich 155
Reherl, geröstet, mit Ei 161
Reherl in der Rahmsauce 158
Sauerkraut 152
Sauerkraut fein 154
Sauerkraut mit Rübenkraut gemischt 152
Steinpilze 161
Weinkraut mit Trauben 153
Wirsing 158

SALAT

Andifi 163
Blaukrautsalat 167
Brunnenkresse 163
Endiviensalat 163
Feldsalat 163
Gurkensalat 164
Kartoffelsalat mit Gurke, Münchner 166
Kartoffelsalat Münchner 166
Kopfsalat 162
Nisselsalat 163
Radi-Salat 164
Rote Rüben 165
Salatsauce 162
Selleriesalat 166
Tomatensalat 164
Weißkrautsalat 165

MEHLSPEISEN

Apfelkücherl 187
Apfelschmarrn 183
Apfelstrudel 180
Auszogne 178
Berghüttenschmarrn, oberbayerischer 188
Dampfnudeln 174
Dradiwixpfeiferl 176
Eierhaber 183
Faschingskrapfen 179
Grießauflauf 186
Grießschnitten 189
Haselnußcreme, bayerische 186
Hasenöhrl 184
Hefeteig 172
Hollerkücherl 185
Kirchweihnudeln 179
Kirschstrudel 181
Mehlschmarrn 183
Pfannkuchen 189
Rohrnudeln 175
Rupfhauben 176
Schneeballen 181
Semmelnudeln 183
Semmelschmarrn 184
Strauben 182
Strudelteig 178
Topfennudeln 188
Topfenstrudel 180
Zwetschgenbavesen 185
Zwetschgendatschi 187
Zwetschgenrohrnudeln 175

HEYNE KOCHBÜCHER

Die preiswerten kulinarischen Reiseführer im Wilhelm Heyne Verlag

07/4501

07/4503

07/4504

07/4506

07/4510

07/4511

**Weitere Kochbücher in der Reihe
»Die Heyne Länderküchen«**

Marianne Piepenstock
Italienische Küche
07/4502

Marianne Piepenstock
Skandinavische Küche
07/4505

Barbara Lüdecke
Griechische Küche
07/4507

Seyd Abdullah
Indische Küche
07/4508

Shiro Uehara/
Masumi Schmidt-Muraki
Japanische Küche
07/4509

Roland Gööck
Jugoslawische Küche
07/4512

Wilhelm Heyne Verlag München

HEYNE KOCHBÜCHER

Internationale Meisterköche im Wilhelm Heyne Verlag

07/4588 — ECKART WITZIGMANN, Meine hundert Hausrezepte

07/4460 — ECKART WITZIGMANN, Meisterwerke aus der Drei-Sterne-Küche, Meine Tantris-Rezepte

07/4277 — PAUL BOCUSE, Die Neue Küche, Die Rezepte des Königs der Köche

07/4600 — GASTON & SYLVIE LENÔTRE, Das Buch vom Ei, Die 140 schönsten Eierrezepte

07/4556 — HEINZ WINKLER, Drei-Sterne-Küche für zu Hause, MEISTERWERKE AUS DER EIGENEN KÜCHE

07/4413 — PAUL & JEAN-PIERRE HAEBERLIN, Meisterküche im Elsaß, DIE AUBERGE DE L'ILL

07/4566 — Agnes Ambergs Kochbuch, 180 ihrer besten Rezepte, Internationale Kreationen der Zürcher Meisterköchin, MIT 40 FARBFOTOS VON REINHART WOLF

07/4610 — AGNES AMBERG, Köstlichkeiten ohne Fisch & Fleisch

Wilhelm Heyne Verlag München

HEYNE KOCHBÜCHER

Die Bücher
zur erfolgreichen ZDF-Serie
„Essen wie Gott in Deutschland"
im Heyne-Taschenbuch

07/4497

07/4558

07/4571

07/4587

Die deutsche Regionalküche von 37 Meisterköchen neu entdeckt. Die ausführlich und exakt beschriebenen Rezepte werden auch dem Anfänger ohne Mühe gelingen.

Wilhelm Heyne Verlag München

HEYNE KOCHBÜCHER

*Die größte
Kochbuch-
Spezialsammlung!
Praktisch,
handlich,
preiswert*

07/4465

07/4601

07/4611

07/4490

07/4472

07/4457

07/4580

07/4613

Wilhelm Heyne Verlag München

HEYNE KOCHBÜCHER

Das Heyne Kochbuch des Jahres
Best.-Nr. 07/4500
Lukullisches aus der Gourmetküche finden Sie hier ebenso wie köstliche Drinks und Traumdesserts.

Das Heyne Kochbuch des Jahres für Vegetarier
Best.-Nr. 07/4568
Die unglaubliche Fülle und der Abwechslungsreichtum der in diesem Buch zusammengestellten Rezepte wird nicht nur den Vegetarier vollstens überzeugen.

**Erika Casparek-Türkkan
Küchenlexikon für Feinschmecker**
Best.-Nr. 07/4574
Das unentbehrliche Standardnachschlagewerk für denjenigen, der sich in der Welt des Feinschmeckers problemlos zurechtfinden will.

Wilhelm Heyne Verlag München